情報設計による遂行の理論

尾山 大輔

JN122994

三菱経済研究所

はじめに

　本書で解説する情報設計の理論は，望ましい帰結を得るためにはどのような情報構造を社会や組織の構成主体たちに与えればよいかを分析するもので，制度設計あるいは市場設計の理論と補完関係にあります．すなわち，制度設計がゲームの利得構造を直接制御することを考えるのに対し，情報設計では情報構造のみを制御するケースを考察の対象とします．例えば，金融市場の効率性・安定性を維持するために情報公開の規制をどのように設計するか，などの問題がその分析射程に入ります．

　具体的には，次のような問題設定を考えます．プレイヤーたちの行動の組と外生的な状態変数に対して利得を定める利得関数が与えられているとします．これに状態変数に関する情報構造を加えると不完備情報ゲームが定義されます．その不完備情報ゲームの均衡は，行動の組と状態変数の上に確率分布 (帰結と呼ぶことにします) を誘導します．利得関数を固定して，「ある情報構造が存在して，それが定める不完備情報ゲームの均衡から誘導される帰結たちからなる集合」はどのようなものでしょうか．ここで，戦略的状況においては一般に均衡は複数存在するので，どのような均衡に注目するかを決めないと問が完結しませんが，本書では主に，優モジュラーゲームに対象をしぼり，最小均衡が誘導する帰結に注目する「最小均衡遂行」について考察します．またその応用として，最悪ケース最適情報設計問題を議論します．

　上記理論は，不完備情報ゲームにおける高次信念と情報頑健性の理論と深く関係します．完備情報ゲーム $\mathbf{g}$ の均衡 a^* が頑健であるとは，$\mathbf{g}$ に十分近いどんな不完備情報ゲームにおいても，a^* に十分近い均衡が存在することをいいます．均衡 a^* が頑健でないことを証明するためには，何らかの情報構造を構成して (情報設計!)，それが定義する不完

備情報ゲームのどんな均衡の振る舞いも $a*$ から十分離れているということを示せばよいことになります．情報設計の理論の基礎として，情報頑健性の理論も詳しく解説します．

　本書の内容は，主に高橋悟氏とスティーヴン・モーリス氏との共同研究

- Oyama, D. and S. Takahashi (2020): "Generalized Belief Operator and Robustness in Binary-Action Supermodular Games," *Econometrica*, 88, 693–726
- Morris, S., D. Oyama, and S. Takahashi (2020): "Implementation via Information Design in Binary-Action Supermodular Games," SSRN 3697335

についての解説になります．また，スピンオフ研究

- Morris, S., D. Oyama, and S. Takahashi (2022a): "On the Joint Design of Information and Transfers," SSRN 4156831
- Morris, S., D. Oyama, and S. Takahashi (2022b): "Implementation via Information Design using Global Games," SSRN 4140792
- Morris, S., D. Oyama, and S. Takahashi (2023): "Strict Robustness to Incomplete Information," *Japanese Economic Review*, 74, 357–376
- Oyama, D. and S. Takahashi (2023): "Robustness in Binary-Action Supermodular Games Revisited," SSRN 4392540

についても紹介します．

　本書の執筆にあたり，杉浦純一氏 (三菱経済研究所) と高橋悟氏 (東京大学) に有益なコメントをいただきました．お礼申し上げます．

　2024 年 1 月

尾山大輔

目　　次

第 1 章　情報設計による遂行

　本章では導入として，情報設計問題の枠組を定義し，本書で扱う類型を紹介します．

1.1　遂行可能性

　以下，基となる環境(基本ゲームと呼びましょう)を次のように固定します：

- $I = \{1, \ldots, |I|\}$: プレイヤーの集合
- A_i: プレイヤー i の行動集合 (有限集合とする)
  $(A = \prod_{i \in I} A_i,\ A_{-i} = \prod_{j \neq i} A_j$ と書く$)$
- Θ: 状態集合 (有限集合とする)
- $\mu \in \Delta(\Theta)$: Θ 上の事前確率分布
  (すべての $\theta \in \Theta$ に対して $\mu(\theta) > 0$ と仮定する)
- $u_i : A \times \Theta \to \mathbb{R}$: プレイヤー i の利得関数
  $(\mathbf{u} = (u_i)_{i \in I}$ と書く$)$

本書では，多くの場合で 2 行動ゲームを考えることにします：

- すべてのプレイヤー i に対して $A_i = \{0, 1\}$

　基本ゲームに情報構造 (information structure) を加えることで不完備情報ゲーム (incomplete infomation game) が定義されます．情報構造は次の要素からなります：

- T_i: プレイヤー i のタイプ集合（有限または可算無限集合とする）
  $(T = \prod_{i \in I} T_i,\ T_{-i} = \prod_{j \neq i} T_j$ と書く$)$

- $\pi \in \Delta(T \times \Theta)$: $T \times \Theta$ 上の事前確率分布

  （μ と整合的である，すなわち，すべての $\theta \in \Theta$ に対して
  $\sum_{t \in T} \pi(t, \theta) = \mu(\theta)$ を満たすものとする）

また，すべての $i \in I, t_i \in T_i$ に対して $\pi(t_i) = \sum_{t_{-i}, \theta} \pi((t_i, t_{-i}), \theta) > 0$ を満たすものとし，$\pi(t_{-i}, \theta | t_i) = \frac{\pi((t_i, t_{-i}), \theta)}{\pi(t_i)}$ と書きます.

基本ゲームを固定して考えて，情報構造 $\mathcal{T} = (T, \pi)$ が不完備情報ゲームを表すものとします.

不完備情報ゲーム $\mathcal{T}$ におけるプレイヤー i の戦略は関数 $\sigma_i: T_i \to \Delta(A_i)$ で表されます. 戦略の組 $\sigma = (\sigma_i)_{i \in I}$ が不完備情報ゲーム $\mathcal{T}$ のベイズ・ナッシュ均衡 (Bayes–Nash equilibrium) であるとは，すべての $i \in I, t_i \in T_i, a_i \in A_i$ に対して

$$
\sigma_i(t_i)(a_i) > 0 \Rightarrow \sum_{t_{-i}, \theta} \pi(t_{-i}, \theta | t_i)(u_i((a_i, \sigma_{-i}(t_{-i})), \theta)
$$
$$
- u_i((a_i', \sigma_{-i}(t_{-i})), \theta)) \geq 0
$$
$$
(\text{すべての } a_i' \in A_i \text{ に対して})
$$

が成り立つことをいいます. ただし，$u_i((a_i, \sigma_{-i}(t_{-i})), \theta) = \sum_{a_{-i}} (\prod_{j \neq i} \sigma_j(t_j)(a_j)) u_i((a_i, a_{-i}), \theta)$ です.

行動の組と状態の同時分布を**帰結** (outcome) と呼ぶことにします. 情報構造 $\mathcal{T}$ と戦略の組 σ が帰結 $\nu \in \Delta(A \times \Theta)$ を**誘導する**とは，すべての $(a, \theta) \in A \times \Theta$ に対して

$$
\nu(a, \theta) = \sum_{t \in T} \pi(t, \theta) \prod_{i \in I} \sigma_i(t_i)(a_i)
$$

が成り立つことをいいます. 情報構造を与え，それが定義する不完備情報ゲームの均衡を一つ選ぶと，それらが誘導する帰結が一つ定まります. 逆に，どのような帰結たちが何らかの情報構造を与えることで誘導されるのでしょうか. これが本書でわれわれが考えたい問になり

ます．この問に対するアプローチとしては，帰結を誘導する均衡に対
する要請の仕方に応じて 3 つのものがあります．

- **部分遂行** (partial implementation)：このアプローチでは，情報構
  造のみならず，均衡をも選べるとする．つまり，ある帰結が部分
  遂行可能であるとは，ある情報構造とある均衡が存在して，その
  帰結が誘導されることをいう．
- **全遂行** (full implementation)：ある帰結が全遂行可能であるとは，
  ある情報構造が存在して，どんな均衡もその帰結を誘導すること
  をいう．
- **最小均衡遂行** (smallest equilibrium implementation)：利得関数が
  優モジュラー性を満たすとする．ある帰結が最小均衡遂行可能で
  あるとは，ある情報構造が存在して，その最小均衡がその帰結を
  誘導することをいう．

部分遂行可能な帰結の集合，全遂行可能な帰結の集合，最小均衡遂
行可能な帰結の集合をそれぞれ *PI, FI, SI* と書くとすると，定義から
$FI \subset SI \subset PI$ となります．

1.2　最適情報設計問題

プレイヤーたちの他に情報設計者がいて，$A \times \Theta$ 上に定義された目
的関数 $V(a,\theta)$ を持っているとします．情報設計者は情報構造を一つ選
び，それにコミットできると仮定します．その下でプレイヤーたちは
不完備情報ゲームをプレイします．情報設計者にとっての最適情報構
造はどのようなものでしょうか．これも不完備情報ゲームにおける均
衡をどのようなものとして想定するかによって問題が変わってきます．

- 最善ケース情報設計：プレイヤーたちは情報設計者にとって最善
  の均衡をプレイすると想定する．この想定の下で価値 *V* の期待

を最大化するような情報構造を選ぶ.

この問題は, 部分遂行可能な帰結の集合 PI 上で V の期待値を最大化する問題に帰着します.

- 最悪ケース情報設計：プレイヤーたちは情報設計者にとって最悪の均衡をプレイすると想定する. この想定の下で価値 V の期待を最大化するような情報構造を選ぶ.

プレイヤーたちの利得関数が優モジュラー性を満たし, 情報設計者の目的関数 $V(a, \theta)$ が a の増加関数であるとすると, この問題は, 最小均衡遂行可能な帰結の集合の閉包 $\overline{SI}$ 上で V の期待値を最大化する問題に帰着します.

1.3 本書の構成

第 2 章ではまず部分遂行について議論します. このケースにおいては, われわれの問に対する答えはすでによく理解されていて, ある種の「顕示原理」が成り立ち, 帰結が部分遂行可能であるための必要十分条件はそれがベイズ相関均衡となっていることである, ということが知られています.

本書の主たる分析対象は全遂行と最小均衡遂行です. 第 5 章にて, 2 行動優モジュラーゲームにおける最小均衡遂行可能性の特徴付けを与えます. 全遂行可能性の特徴付けは, その拡張から導かれます. また, いくつかの追加的な仮定の下で, 最悪ケース最適情報設計問題の解を明示的に導きます.

最小均衡遂行 (および全遂行) の理論は, 不完備情報ゲームにおける高次信念と情報頑健性の理論にその基礎を持ちます. 第 3 章では, それらの理論分析の嚆矢となった E メールゲームという例について, 不完備情報摂動による全遂行という視点から議論します. 第 4 章では, 情

報頑健性について 2 行動優モジュラーゲームのクラスに対して議論します．第 6 章で，情報頑健性と最小均衡遂行の理論との関係を整理します．

　第 7 章では，第 4 章と第 5 章の結果の応用として，情報と利得の同時設計問題を考えます．

第 2 章　部分遂行

本章では準備として部分遂行可能性のための必要十分条件を議論します.

2.1　部分遂行可能性とベイズ相関均衡

前章で導入したように，基本ゲームが与えられているものとします. 部分遂行可能性は次のように定義されます.

定義 2.1　帰結 $v \in \Delta(A \times \Theta)$ が**部分遂行可能** (partially implementable) であるとは，ある情報構造が存在して，そこでのあるベイズ・ナッシュ均衡が v を誘導することをいう.

Bergemann and Morris (2016) は，解概念「ベイズ相関均衡」を定義し，それが部分遂行可能性のための必要十分条件であることを示しました.

定義 2.2　$v \in \Delta(A \times \Theta)$ が**ベイズ相関均衡** (Bayes correlated equilibrium) であるとは次を満たすことをいう:
(1)［整合性 (consistency)］すべての $\theta \in \Theta$ に対して

$$\sum_{a \in A} v(a, \theta) = \mu(\theta)$$

(2)［従順性 (obedience)］すべての $i \in I$ とすべての $a_i, a_i' \in A_i$ に対

して

$$\sum_{a_{-i} \in A_{-i}, \theta \in \Theta} v((a_i, a_{-i}), \theta)(u_i((a_i, a_{-i}), \theta) - u_i((a'_i, a_{-i}), \theta)) \geq 0$$

命題 2.1 帰結 v が部分遂行可能であるための必要十分条件は，それがベイズ相関均衡であることである.

とくに，部分遂行可能な帰結の集合 *PI* は，整合性と従順性の有限の線形不等式系で定義される凸多面体に等しくなります.

必要性の証明 情報構造 (T, π) とそのベイズ・ナッシュ均衡 σ が v を誘導するものとする. まず，σ が v を誘導することと π が事前分布 μ と整合的であることより，

$$\sum_{a \in A} v(a, \theta) = \sum_{a \in A} \sum_{t \in T} \pi(t, \theta) \prod_{i \in I} \sigma_i(t_i)(a_i) = \sum_{t \in T} \pi(t, \theta) = \mu(\theta)$$

が成り立つ，すなわち v は整合性を満たす.

次に，$i \in I$ と $a_i, a'_i \in A_i$ を固定する. σ_i の最適性より，$\sigma_i(t_i)(a_i) > 0$ ならば

$$\sum_{t_{-i}, \theta} \pi(t_{-i}, \theta | t_i) \sum_{a_{-i}} \Big(\prod_{j \neq i} \sigma_j(t_j)(a_j) \Big) (u_i((a_i, a_{-i}), \theta)$$
$$-u_i((a'_i, a_{-i}), \theta)) \geq 0$$

が成り立つ. 両辺に $\pi(t_i)\sigma_i(t_i)(a_i)$ を掛けて t_i に関して足し合わせると，

$$0 \leq \sum_{a_{-i}, \theta} \sum_t \pi(t, \theta) \Big(\prod_j \sigma_j(t_j)(a_j) \Big) (u_i((a_i, a_{-i}), \theta) - u_i((a'_i, a_{-i}), \theta))$$

$$= \sum_{a_{-i}, \theta} v((a_i, a_{-i}), \theta)(u_i((a_i, a_{-i}), \theta) - u_i((a'_i, a_{-i}), \theta))$$

を得る. すなわち v は従順性を満たす.

以上より，ν がベイズ相関均衡であることが示された．　　　　□

十分性の証明　ν がベイズ相関均衡であるとする．情報構造 (T, π) を ν に関する「直接情報構造」とする．つまり，

- 各プレイヤー i に対して $T_i = \{a_i \in A_i \mid \sum_{a_{-i}, \theta} \nu((a_i, a_{-i}), \theta) > 0\}$
- $\pi = \nu$

とする．また，各プレイヤー i の (純粋) 戦略 σ_i を

$$\sigma_i(t_i)(a_i) = \begin{cases} 1 & (t_i = a_i \text{ ならば}) \\ 0 & (\text{そうでなければ}) \end{cases}$$

となるものとして定義する．まず，構成より，σ は ν を誘導する．つまり

$$\sum_t \pi(t, \theta) \prod_j \sigma_j(t_j)(a_j) = \pi(a, \theta) = \nu(a, \theta)$$

が成り立つ．

次に，σ がベイズ・ナッシュ均衡であることを示したい．プレイヤー i のタイプ $t_i = a_i$ が行動 a_i' をとったときの期待利得（の $\pi(t_i)$ 倍）は

$$\sum_{t_{-i}, \theta} \pi((t_i, t_{-i}), \theta) \sum_{a_{-i}} \left(\prod_{j \neq i} \sigma_j(t_j)(a_j) \right) u_i((a_i', a_{-i}), \theta)$$

$$= \sum_{a_{-i}, \theta} \pi((t_i, a_{-i}), \theta) u_i((a_i', a_{-i}), \theta)$$

$$= \sum_{a_{-i}, \theta} \nu((a_i, a_{-i}), \theta) u_i((a_i', a_{-i}), \theta)$$

であるが，ν の従順性より，これは $a_i' = a_i$ のときに最大化される．σ_i の定義より $t_i = a_i$ に対してのみ $\sigma_i(t_i)(a_i) > 0$ なので，これは σ がベ

イズ・ナッシュ均衡であることを意味する.

　以上より, ν が部分遂行可能であることが示された.　　　　　□

2.2　最善ケース情報設計

　プレイヤーたちの外側に情報設計者がいて, プレイヤーたちの行動の組 $a \in A$ と状態 $\theta \in \Theta$ に対して評価関数 $V(a,\theta)$ を持っているとします. 最善ケース情報設計問題とは, プレイヤーたちは情報設計者にとって最善ケースの均衡をプレイすると想定した上で, 価値 V の期待値を最大化するような情報構造を選ぶ, というものです. 情報構造 $\mathcal{T} = (T,\pi)$ の下でのベイズ・ナッシュ均衡の集合を $E(\mathcal{T})$ と書くと, この最適化問題は

$$\max_{\mathcal{T}} \max_{\sigma \in E(\mathcal{T})} \sum_{t \in T, \theta \in \Theta} \pi(t,\theta) V(\sigma(t),\theta)$$

と書けます. 部分遂行可能性の定義より, この問題は

$$\max_{\nu \in PI} \sum_{a \in A, \theta \in \Theta} \nu(a,\theta) V(a,\theta) \tag{2.1}$$

と書きかえられます. 命題 2.1 より, この問題は整合性と従順性を制約とする $\sum_{a \in A, \theta \in \Theta} \nu(a,\theta) V(a,\theta)$ の最大化問題と同値です. これは有限の線形計画問題となります. 具体例の解法はたとえば Bergemann and Morris (2019) で詳しく解説されています.

　最善ケース情報設計は, 情報設計者にとっての最善均衡の他に「悪い」均衡があっても気にしない, というもので, 楽観的な均衡選択ルールに基づくものと言えます. 本書で主に考察する優モジュラーゲーム, すなわち戦略的補完性があるゲームにおいては,「悪い」均衡に陥るという「協調の失敗」をいかに回避するか, というのが重要な論点の一

つになるわけですが，最善ケース情報設計はそういった論点を最初か
ら回避していることになります．第 5 章において，$V(a, \theta)$ の a に関す
る単調性の仮定の下で，最悪ケース情報設計を考察します．

第3章 不完備情報摂動による遂行

　本章では，Rubinstein (1989) の「E メールゲーム」を紹介します．このモデルは，もともとは「完備情報ゲームの均衡は，ちょっとした不完備情報の導入に対して不連続に変わりうる」という点を例示するものですが，ここではわれわれの文脈に沿って「不完備情報摂動による全遂行」という視点から議論します．

3.1 E メールゲーム

次のような 2 プレイヤー完備情報ゲーム (協調ゲーム) を考えます：

	NI	I
NI	$0,0$	$0,\theta^*-1$
I	$\theta^*-1,0$	θ^*,θ^*

ただし $\frac{1}{2}<\theta^*<1$ とします．このゲームを **g** と書くことにします．解釈として，行動 I は「投資する」，NI は「投資しない」を表し，NI の利得はつねに 0，一方，I をとると費用 $1-\theta^*$ がかかり，投資の戦略的補完性により相手が I (NI) をとるなら 1 (0) の粗利益を得る，と考えます．

　θ^* についての仮定により，(I, I) と (NI, NI) はともに狭義ナッシュ均衡です．ここで，「I は，I を $\frac{1}{2}$ 以上の確率でとるような，相手のどんな混合行動に対しても狭義最適反応である」という性質から，(I, I) は**危険支配均衡** (risk-dominant equilibrium) であるといいます．一方の

(NI, NI) を被危険支配均衡 (risk-dominated equilibrium) といいます.

微少な利得摂動を許すような，何らかの情報構造を設計することによって，両者が投資する均衡 (I, I) を全遂行できるでしょうか．ここで，次のような不完備情報ゲーム「E メールゲーム」を考えます（Rubinstein (1989) のオリジナルと少々異なりますが本質的には同じものです）．$\varepsilon > 0$ を任意に固定します.

- 非負整数 m が幾何分布 $\varepsilon(1-\varepsilon)^m$ に従って引かれる.
- m と独立に，プレイヤー 1, 2 の順列 $(1, 2)$ と $(2, 1)$ のうちいずれかが $\frac{1}{2}$ ずつの確率で引かれる.
- 引かれた順列（γ と書くことにする）に対して，各プレイヤー i は
$$t_i = m + (\gamma における i の順位)$$
によって定まるシグナル（タイプ）t_i を受け取る.
- 各プレイヤー $i = 1, 2$ について，タイプ $t_i = 1$ は，行動 I が支配行動となるような利得関数を持つものとする．タイプ $t_i \geq 2$ は，自身の利得関数が $\mathbf{g}$ での利得関数と同じものであることを知っているものとする.

たとえば，$m = 2$ かつ $\gamma = (2, 1)$（確率 $\varepsilon(1-\varepsilon)^2 \times \frac{1}{2}$ で起こる）とすると，プレイヤー 1 のタイプは $t_1 = 4$，プレイヤー 2 のタイプは $t_2 = 3$ となります．タイプの組の集合上の確率分布は次のように書けます：

$t_1 \backslash t_2$	1	2	3	4	5	$\cdots$
1		$\varepsilon\frac{1}{2}$				
2	$\varepsilon\frac{1}{2}$		$\varepsilon(1-\varepsilon)\frac{1}{2}$			
3		$\varepsilon(1-\varepsilon)\frac{1}{2}$		$\varepsilon(1-\varepsilon)^2\frac{1}{2}$		
4			$\varepsilon(1-\varepsilon)^2\frac{1}{2}$		$\varepsilon(1-\varepsilon)^3\frac{1}{2}$	
5				$\varepsilon(1-\varepsilon)^3\frac{1}{2}$		$\ddots$
$\vdots$					$\ddots$	

　このゲームにおいて「どのプレイヤーのどのタイプに対しても，被強支配行動の反復削除において行動 NI は削除され，したがって行動 I が唯一の合理化可能行動である」ということを帰納法により示します．まず，仮定により，各プレイヤーのタイプ $t_i = 1$ は I を支配行動としてとります．次に，$\tau \geq 2$ に対して，各プレイヤーの $t_i \leq \tau - 1$ のタイプにとって I が唯一の合理化可能行動であるとします．タイプ $t_i = \tau$ にとって，相手プレイヤーのタイプが $t_j = \tau - 1$ である確率は $\frac{1}{2-\varepsilon}$ であり，したがって，帰納法の仮定から相手プレイヤーは少なくとも確率 $\frac{1}{2-\varepsilon} > \frac{1}{2}$ で I をとってくる，と信じています．よって，I が $\mathbf{g}$ における危険支配行動であることから，タイプ $t_i = \tau$ にとっても I をとるのが厳密に最適であり，NI が削除されることになります．以上より，各プレイヤーのすべてのタイプにとって I が唯一の合理化可能行動であることが示されました．

3.2　考察

　上の不完備情報ゲームで，$t_i \geq 2$ のタイプは，自身の利得が基の完備情報ゲーム $\mathbf{g}$ の利得関数で与えられるということを知っています．$t_1 \geq 2$ かつ $t_2 \geq 2$ となるのは $m \geq 1$ のときなので，「両プレイヤーが自身の利得が基の完備情報ゲーム $\mathbf{g}$ の利得関数で与えられるということを知っている」という事象の確率は $1 - \varepsilon$ となります．このような不完備情報ゲームを「完備情報ゲーム $\mathbf{g}$ の ε-精緻化 (ε-elaboration)」といいます (次章で正式に定義します)．値 ε は，基の完備情報ゲーム $\mathbf{g}$ とその ε-精緻化 ($\mathbf{g}$ の不完備情報摂動) との距離の一つの測り方を与えるものであり，ε が小さければ小さいほどこの距離が近いと見なせます．E メールゲームが例示したのは，基の完備情報ゲームのナッシュ均衡 (I, I), (NI, NI) のうちの一つは，ε がどんなに小さくても正である限り，

E メールゲームという ε-精緻化においてはまったくプレイされなくなる，つまり，均衡行動はちょっとした不完備情報の導入に関して不連続に振る舞う，ということになります．

　われわれの「情報設計」という視点からすると，上で行ったことは，E メールゲームという情報構造（ただし利得摂動を許す）を設計して均衡 (I, I) を全遂行した，と見ることができます．そこでの議論から，2 プレイヤー 2 行動の協調ゲームにおいて危険支配均衡は不完備情報摂動によって全遂行可能である，といえます．

　一方の均衡 (NI, NI) は E メールゲームの不完備情報摂動によって消える均衡であるわけですが，そのような均衡は「不完備情報に対して頑健でない」と見なせます．この考え方を定式化したのが Kajii and Morris (1997) の研究です．次の第 4 章で彼らの「頑健性」概念を考察します．そこで正式に定義しますが，大雑把にいうと，完備情報ゲーム **g** のナッシュ均衡 a^* が頑健であるとは，**g** の任意の ε-精緻化において，a^* と十分近いベイズ・ナッシュ均衡が存在することをいいます．第 4 章で，Oyama and Takahashi (2020) による，2 行動優モジュラーゲームにおける頑健性のための必要十分条件を議論しますが，その条件の必要性の証明で「E メールゲーム的な」構成が用いられることになります．さらにその構成の発展版は，第 5 章での情報設計による最小均衡遂行可能性のための必要十分条件の議論でも登場します．

第 4 章 不完備情報に対する頑健性

　本章では，Kajii and Morris (1997) による「不完備情報に対する均衡の頑健性」という概念を議論します．とくに，2 行動優モジュラーゲームにおける特徴付けを与えた Oyama and Takahashi (2020)（以下，OT 論文と呼ぶことにします）の研究を紹介します．

　次のような問を考えます．分析者がある社会現象を完備情報ゲーム **g** でモデル化し，そのゲームのナッシュ均衡の一つ a^* を彼の理論予測として採用した．この完備情報ゲーム **g** は高い精度で分析対象を描写しているが，現実の世界には利得に関して微小な不確実性が存在することは否定できない．このとき，微小な利得不確実性を含めてモデルを設定してもナッシュ均衡 a^* は均衡のよい近似でありつづけるであろうか．この問の答えは否で，たとえば前章で見たように，協調ゲームにおいて，E メールゲームという微小な利得不確実性の導入の仕方によって，被危険支配均衡は一切プレイされなくなりました．下で正式に定義しますが，微小な利得不確実性が入っても消えないようなナッシュ均衡を頑健均衡といいます．E メールゲームの例は，被危険支配均衡は頑健均衡でないことを示しています．また，Kajii and Morris (1997) は，ゲームの唯一のナッシュ均衡（さらに強ナッシュ均衡である）でも頑健均衡とは限らないことを例示しています．

4.1   情報頑健性

プレイヤーの集合 $I = \{1, \ldots, |I|\}$, 各プレイヤー i の行動集合 A_i を固定して考えます. 完備情報ゲームは各プレイヤー i の利得関数 $g_i : A \to \mathbb{R}$ により定まります. 利得関数の組 $\mathbf{g} = (g_i)_{i \in I}$ で完備情報ゲームを表すことにします.

(第 1 章での表記法から少々離れて) 不完備情報ゲームを次にのように定式化します:

- T_i: プレイヤー i のタイプ集合 (有限または可算無限集合とする)
- $\pi \in \Delta(T)$: T 上の事前確率分布
- $u_i : A \times T \to \mathbb{R}$: プレイヤー i の利得関数

すべての $i \in I, t_i \in T_i$ に対して $\pi(t_i) = \sum_{t_{-i}} \pi(t_i, t_{-i}) > 0$ を満たすものとし, $\pi(t_{-i}|t_i) = \frac{\pi(t_i, t_{-i})}{\pi(t_i)}$ と書きます. 利得関数の組を $\mathbf{u} = (u_i)_{i \in I}$ と書き, 不完備情報ゲームを $(T, \pi, \mathbf{u})$ で表すことにします. 戦略の組 $\sigma = (\sigma_i)_{i \in I}$ が誘導する A 上の分布 (行動分布) を σ_π と書きます. つまり, σ_π は

$$\sigma_\pi(a) = \sum_{t \in T} \pi(t) \prod_{i \in I} \sigma_i(t_i)(a_i)$$

で与えられる分布です.

完備情報ゲーム $\mathbf{g}$ に対して,「利得関数が g_i に等しいと知っている」ようなプレイヤー i のタイプの集合を T_i^* と書きます. すなわち:

- T_i^*: すべての $a \in A$ と $\pi(t_i, t_{-i}) > 0$ なるすべての $t_{-i} \in T_{-i}$ に対して $u_i(a, (t_i, t_{-i})) = g_i(a)$ となるような $t_i \in T_i$ の集合

直積を $T^* = \prod_{i \in I} T_i^*$ と書きます.

定義 4.1   不完備情報ゲーム $(T, \pi, \mathbf{u})$ が $\mathbf{g}$ の ε-精緻化 (ε-elaboration) で

あるとは $\pi(T^*) \geq 1 - \varepsilon$ が成り立つことをいう.

Kajii and Morris (1997) による「頑健性」は次のように定義されます.

定義 4.2　行動分布 $\xi \in \Delta(A)$ が **g** において**頑健** (robust) であるとは,どんな $\delta > 0$ に対してもある $\varepsilon > 0$ が存在して,**g** の任意の ε-精緻化 $(T, \pi, \mathbf{u})$ が $\max_{a \in A} |\sigma_\pi(a) - \xi(a)| \leq \delta$ となるようなベイズ・ナッシュ均衡 σ を持つことをいう.

定義より,頑健な行動分布は何らかのナッシュ均衡の直積分布である,ということが従います.

行動の組 $a^* \in A$ に対して,$\xi(a^*) = 1$ となる行動分布 ξ が頑健であるとき,a^* を頑健である(あるいは頑健均衡である)ということにします.

前章において,与えられた協調ゲームに対して E メールゲームの不完備情報摂動は ε-精緻化になっているので,被危険支配均衡は頑健でない,といえます.

頑健性は非常に強い条件ですが,次のような十分条件が知られています.

- 一意な相関均衡は頑健である (Kajii and Morris (1997)).
- $\sum_{i \in I} p_i < 1$ なる $\mathbf{p} = (p_i)_{i \in I} \in [0, 1]^I$ に対して,$\mathbf{p}$-支配均衡は頑健である (Kajii and Morris (1997)).とくに,2 プレイヤー 2 行動協調ゲームにおいては,危険支配均衡は頑健である.
- ポテンシャルゲームにおいて,ポテンシャル最大化解は頑健である (Ui (2001)).
- 単調ポテンシャルゲームにおいて,ゲームあるいは単調ポテンシャルが優モジュラーならば,単調ポテンシャル最大化解は頑健である (Morris and Ui (2005)).

OT 論文は,2 行動優モジュラーゲームに対して,最後の Morris and

Ui (2005) の結果の別証明を与え，また，Morris and Ui (2005) の結果の逆が（ジェネリックに）成り立つことを示しました．次節で，その内容を解説します．

4.2　2行動優モジュラーゲームにおける特徴付け

以下，各プレイヤー i の行動集合は $A_i = \{0,1\}$ であるとし，行動 $0,1$ は $0 < 1$ という順序を持つとします．この順序に関して完備情報ゲーム **g** は優モジュラーであるとします．すなわち，利得差分の関数を

$$f_i(a_{-i}) = g_i(1, a_{-i}) - g_i(0, a_{-i})$$

と書くことにし，f_i は a_{-i} に関して増加関数であるとします．すべてのプレイヤーが行動 1（あるいは 0）をとっているような行動の組を **1**（あるいは **0**）と書くことにします．

議論を簡単にするために，単調ポテンシャル最大化解を，Morris and Ui (2005) によるオリジナルなものでなく，Oyama et al. (2008) による「強」版で定義することにします[1].

定義 4.3　行動の組 $a^* \in A$ が 2 行動ゲーム **g** において**強単調ポテンシャル最大化解** (strict monotone potential maximizer) であるとは，関数 $v: A \to \mathbb{R}$ と厳密に正の実数の組 $(\lambda_i)_{i \in I}$ が存在して，$a_i^* = 1$ なるすべての i とすべての $a_{-i} \in A_{-i}$ に対して

$$\lambda_i f_i(a_{-i}) \geq v(1, a_{-i}) - v(0, a_{-i}),$$

---

[1] OT 論文では，これを「強」をつけずに単に「単調ポテンシャル最大化解」と呼んでいます．

$a_i^* = 0$ なるすべての i とすべての $a_{-i} \in A_{-i}$ に対して

$$\lambda_i f_i(a_{-i}) \le v(1, a_{-i}) - v(0, a_{-i}),$$

また，すべての $a \in A \setminus \{a^*\}$ に対して $v(a^*) > v(a)$ が成り立つことをいう．

このとき，そのような関数 v を $\mathbf{g}$ における a^* に対する**強単調ポテンシャル**という．

強単調ポテンシャル最大化解は必ず強ナッシュ均衡です．2 プレイヤー協調ゲームにおいては，危険支配均衡は強単調ポンテシャル最大化解であり，被危険支配均衡は強単調ポンテシャル最大化解でありません．

本章の主定理は次のものです．行動の組 $\mathbf{0}$ に対して述べていますが，行動の名前 $0, 1$ を入れ替えることによって，同様の主張が $\mathbf{1}$ に対しても直ちに成り立ちます[2]．より一般的に，$\mathbf{0}$ や $\mathbf{1}$ とは限らない行動の組についても成り立ちます（項目 (1) は Morris and Ui (2005) から，項目 (2) は OT 論文から）が，その議論はここでは省略します．

定理 4.1 $\mathbf{g}$ が 2 行動優モジュラーゲームであるとき，次が成り立つ．
(1) $\mathbf{0}$ が $\mathbf{g}$ において強単調ポンテシャル最大化解ならば，$\mathbf{0}$ は $\mathbf{g}$ において頑健である．
(2) ジェネリックな $\mathbf{g}$ に対して，$\mathbf{0}$ が $\mathbf{g}$ において頑健ならば，$\mathbf{0}$ は $\mathbf{g}$ において強単調ポンテシャル最大化解である．

「ジェネリック (generic) な $\mathbf{g}$ に対して」というのは，すべての 2 行動優モジュラーゲームからなる集合において，主張が成り立つような $\mathbf{g}$ の集合が開かつ稠密である，ということを意味します．たとえば，す

---

[2] OT 論文では $\mathbf{1}$ に対して述べられていますが，ここでは次章とのつながりから $\mathbf{0}$ に対して述べます．

べてのプレイヤーに対して利得が一定であるようなゲームにおいては，どんな行動の組も頑健ですが，いずれも強単調ポテンシャル最大化解ではなく，したがって (2) の主張は成り立ちませんが，「ジェネリックな」という制限でそのようなゲームを除いています．

以下，定理 4.1 の十分性 (項目 (1)) と必要性（項目 (2)）の証明を解説します．

4.2.1 十分性

定理 4.1 の項目 (1) は Morris and Ui (2005) の結果の特殊ケースですが，ここでは別証明を述べます．OT 論文では「信念演算子」に関する定理（「臨界経路定理」）からの系として証明されていますが，ここではその証明を頑健性の直接の証明として書きます．

項目 (1) の証明 $\mathbf{0}$ が $\mathbf{g}$ において強単調ポテンシャル最大化解であるとする．すなわち，強単調ポテンシャル v と $\lambda_i > 0$ $(i \in I)$ が存在して，すべての $i \in I$ とすべての $a_{-i} \in A_{-i}$ に対して

$$\lambda_i f_i(a_{-i}) \leq v(1, a_{-i}) - v(0, a_{-i})$$

が成り立ち，またすべての $a \in A \setminus \{\mathbf{0}\}$ に対して $v(\mathbf{0}) > v(a)$ が成り立つとする．

$\mathbf{g}$ の任意の ε-精緻化 $(T, \pi, \mathbf{u})$ をとる．T_i^* に含まれないタイプは行動 1 を支配行動としているようなケースを考えれば十分なので，そのように仮定することにする．$(T, \pi, \mathbf{u})$ は不完備情報ゲームとして優モジュラーゲームなので，

- 最小ベイズ・ナッシュ均衡 $\underline{\sigma}$ が存在し（純粋戦略からなる）
- 最小戦略の組から始めて順番に最適反応行動に改訂していくと $\underline{\sigma}$ に収束する

という性質を持つ．そこで，次のような純粋戦略の組の列 $(\sigma^n)_{n=0}^{\infty}$ を

考える．まず，σ_i^0 をすべてのタイプが行動 0 をとるような戦略とする．まず，$n=1,\dots,|I|$ については，順番にプレイヤー $i=n$ のタイプ $t_i \in T_i \setminus T_i^*$ が行動 1 (支配行動) に変更する．つまり，

- $i=n$ かつ $t_i \in T_i \setminus T_i^*$ ならば $\sigma_i^n(t_i)=1$
- さもなくば $\sigma_i^n(t_i)=\sigma_i^{n-1}(t_i)$

とする．$n \geq |I|+1$ については，プレイヤーごと順番に，行動 1 が 1 つ前の戦略組に対する強最適反応になっていれば（またそのときに限り）行動 1 に変更する．つまり，

- $i \equiv n \pmod{|I|}$ かつ $\sum_{t_{-i}} \pi(t_{-i}|t_i) f_i(\sigma_{-i}^{n-1}(t_{-i})) > 0$ ならば $\sigma_i^n(t_i)=1$
- さもなくば $\sigma_i^n(t_i)=\sigma_i^{n-1}(t_i)$

とする．各プレイヤー i の各タイプ t_i について，$(\sigma_i^n(t_i))_{n=0}^\infty$ は行動 0, 1 の列で，$(\sigma^n)_{n=0}^\infty$ は優モジュラー性から最小ベイズ・ナッシュ均衡 $\underline{\sigma}$ に単調に各点収束する．ここで，タイプ t_i が第 n 回に行動を 0 から 1 に変更したならば $n_i(t_i)=n$ とし，全く 1 に変更しなければ $n_i(t_i)=\infty$ とする．つまり，

- $\sigma_i^{n-1}(t_i)=0$ かつ $\sigma_i^n(t_i)=1$ ならば $n_i(t_i)=n$
- すべての n に対して $\sigma_i^n(t_i)=0$ ならば $n_i(t_i)=\infty$

とする．$\underline{\sigma}(t)=\mathbf{0}$ ならば，またそのときに限り，$n(t)=(\infty,\dots,\infty)$ である，ということに注意する．われわれの目標は $\mathbf{0}$ が頑健均衡であることを示すことであるが，それは最小均衡 $\underline{\sigma}$ が高い確率で $\mathbf{0}$ をプレイするということなので，v にのみ依存する (いま考えている ε-精緻化から独立な) ある定数 $\kappa=\kappa(v)$ が存在して

$$\pi(\{t \in T \mid n(t)=(\infty,\dots,\infty)\}) \geq 1-\kappa \times (1-\pi(T^*))$$

が成り立つことを示せば十分である．この不等式により，任意の $\delta>0$ に対して，$\varepsilon=\frac{\delta}{\kappa}$ とすれば，任意の ε-精緻化 $(T,\pi,\mathbf{u})$ に対してその最小均衡 $\underline{\sigma}$ は $\pi_{\underline{\sigma}}(\mathbf{0}) \geq 1-\delta$ を満たす．

いくつかの記号を導入する：

- Γ: プレイヤーを重複を許さず何人か（0 人でもよい）を選んで並べた列全体の集合 (0 人からなる列を $\emptyset$ と書く)

  たとえば，$I = \{1, 2, 3\}$ の場合は

  $$\Gamma = \{\emptyset, 1, 2, 3, 12, 13, 21, 23, 31, 32, 123, 132, 213, 231, 312, 321\}$$

- $\Gamma_i \subset \Gamma$: プレイヤー i が登場するような列全体の集合
- $S(\gamma) \subset I$: 列 $\gamma \in \Gamma$ に登場するプレイヤーたちからなる集合
- $a(\gamma) \in A$: 列 $\gamma \in \Gamma$ に登場するプレイヤーたちのみが 1 をとるような行動の組
- $a_{-i}(\gamma) \in A_{-i}$: $\gamma \in \Gamma_i$ に対して，プレイヤー i より前に登場するプレイヤーたちが行動 1 をとり，それ以外のプレイヤーたちが行動 0 をとるような，i 以外のプレイヤーたちの行動の組
- $T(\gamma) \subset T$: 列 $\gamma \in \Gamma$ に登場しないプレイヤー i たちに対しては $n_i(t_i) = \infty$ で，γ に登場するプレイヤー i たちに対しては $n_i(t_i)$ が γ の順に小さい順に並んでいるような，タイプの組 t 全体からなる集合
- $S^*(t) \subset I$: タイプの組 $t \in T$ に対して，$t_i \in T_i^*$ となるようなプレイヤー i たちの集合
- $a \setminus S \in A$: 行動の組 $a \in A$ とプレイヤーの集合 $S \subset I$ に対して，$a_i = 1$ かつ $i \in I \setminus S$ なるプレイヤー i たちが行動 1 をとり，それ以外のプレイヤーたちが行動 0 をとるような行動の組

さて，戦略組の列 $(\sigma^n)_{n=0}^{\infty}$ の構成法から，$n_i(t_i) < \infty$ なるタイプ $t_i \in T_i^*$ について

$$\sum_{t_{-i}} \pi(t_{-i}|t_i) f_i(\sigma_{-i}^{n_i(t_i)-1}(t_{-i})) > 0$$

が成り立っている．この不等式に $\pi(t_i)$ および強単調ポテンシャルの定

義にある係数 $\lambda_i > 0$ を掛けて，すべてのプレイヤー i の $n_i(t_i) < \infty$ なるすべてのタイプ $t_i \in T_i^*$ について足し合わせて整理していく：

$$0 \leq \sum_{i \in I} \lambda_i \sum_{t_i \in T_i^*:n_i(t_i)<\infty} \sum_{t_{-i}} \pi(t_i, t_{-i}) f_i(\sigma_{-i}^{n_i(t_i)-1}(t_{-i}))$$

$$= \sum_{\gamma \in \Gamma} \sum_{t \in T(\gamma)} \pi(t) \sum_{i \in S(\gamma) \cap S^*(t)} \lambda_i f_i(a_{-i}(\gamma))$$

$$\leq \sum_{\gamma \in \Gamma} \sum_{t \in T(\gamma)} \pi(t) \sum_{i \in S(\gamma) \cap S^*(t)} \big(v(1, a_{-i}(\gamma)) - v(0, a_{-i}(\gamma))\big)$$

$$= \sum_{\gamma \in \Gamma} \sum_{t \in T(\gamma)} \pi(t)\big(v(a(\gamma)) - v(a(\gamma) \setminus S^*(t))\big)$$

$$= \sum_{\gamma \in \Gamma} \sum_{t \in T(\gamma) \cap T^*} \pi(t)\big(v(a(\gamma)) - v(\mathbf{0})\big)$$

$$+ \sum_{\gamma \in \Gamma} \sum_{t \in T(\gamma) \setminus T^*} \pi(t)\big(v(a(\gamma)) - v(a(\gamma) \setminus S^*(t))\big)$$

$$\leq \sum_{\gamma \in \Gamma \setminus \{\emptyset\}} \sum_{t \in T(\gamma) \cap T^*} \pi(t)(v' - v(\mathbf{0})) + \sum_{\gamma \in \Gamma} \sum_{t \in T(\gamma) \setminus T^*} \pi(t)M$$

$$= \pi(\{t \in T^* \mid n(t) \neq (\infty, \ldots, \infty)\})(v' - v(\mathbf{0})) + \pi(T \setminus T^*)M$$

ただし，

$$v' = \max_{a \neq \mathbf{0}} v(S),$$

$$M = \max_{a \geq a' \neq \mathbf{0}} (v(a) - v(a'))$$

である．途中，2 つ目の等式で，各 γ に沿ってプラスの項とマイナスの項が打ち消し合っていくところがこの計算の肝である．したがって，

$$\pi(\{t \in T^* \mid n(t) \neq (\infty, \ldots, \infty)\}) \leq \frac{M}{v(\mathbf{0}) - v'} \pi(T \setminus T^*)$$

26

を得る. 最後に,

$$1 - \pi(\{t \in T \mid n(t) = (\infty, \ldots, \infty)\})$$

$$= \pi(T \setminus T^*) + \pi(\{t \in T^* \mid n(t) \neq (\infty, \ldots, \infty)\})$$

$$\leq \left(1 + \frac{M}{v(\mathbf{0}) - v'}\right)(1 - \pi(T^*))$$

となるので,

$$\kappa(v) = 1 + \frac{M}{v(\mathbf{0}) - v'}$$

とおくことで目標の不等式が得られた. □

4.2.2 必要性

定理 4.1 の項目 (2) は OT 論文による新しい結果です. 対偶を示すために, $\mathbf{0}$ は $\mathbf{g}$ において強単調ポテンシャル最大化解ではないと仮定し, 任意の $\varepsilon > 0$ に対して $\mathbf{0}$ がプレイされる確率が 0 になるような ε-精緻化を構成することが目標になります.

最初に, 強単調ポテンシャルの存在条件を目的にかなう ε-精緻化の構成に使えるような形に同値変形していきます. まず, 次が成り立ちます.

補題 4.2 2 行動ゲーム $\mathbf{g}$ と $\lambda = (\lambda_i)_{i \in I} \gg 0$ に対して, λ を係数として持つ, $\mathbf{g}$ における $\mathbf{0}$ に対する強単調ポテンシャルが存在するための必要十分条件は

$$\sum_{i \in S(\gamma)} \lambda_i f_i(a_{-i}(\gamma)) < 0 \quad (\text{すべての } \gamma \in \Gamma \setminus \{\emptyset\} \text{ に対して}) \tag{4.1}$$

が成り立つことである.

次に, 双対定理から次が成り立ちます.

補題 4.3 (4.1) が解 $\lambda \gg 0$ を持つか,または

$$\sum_{\gamma \in \Gamma_i} \rho(\gamma) f_i(a_{-i}(\gamma)) \geq 0 \quad (\text{すべての } i \in I \text{ に対して}) \qquad (4.2)$$

が解 $\rho \in \Delta(\Gamma \setminus \{\emptyset\})$ を持つか,いずれか一方のみが成り立つ.

これは線形不等式系に関する二者択一の定理の一つ(ファルカスの補題の一種)から直ちに従いますが,次章の議論との関連からミニマックス定理から導いてみます.

証明 $\rho \in \Delta(\Gamma \setminus \{\emptyset\})$ と $\lambda \in \Delta(I)$ に対して,$D(\rho, \lambda)$ を

$$D(\rho, \lambda) = \sum_{\gamma \in \Gamma} \rho(\gamma) \sum_{i \in S(\gamma)} \lambda_i f_i(a_{-i}(\gamma))$$

$$= \sum_{i \in I} \lambda_i \sum_{\gamma \in \Gamma_i} \rho(\gamma) f_i(a_{-i}(\gamma))$$

と定義する (ρ と λ それぞれについて線形である).ミニマックス定理より,双線形関数 D はミニマックス値 D^* を持つ.すなわち,

$$\min_{\lambda \in \Delta(I)} \max_{\rho \in \Delta(\Gamma \setminus \{\emptyset\})} D(\rho, \lambda) = D^* = \max_{\rho \in \Delta(\Gamma \setminus \{\emptyset\})} \min_{\lambda \in \Delta(I)} D(\rho, \lambda).$$

が成り立つ.ここで,

- (4.1) が $\lambda \gg 0$ を解に持つ

  $\Longleftrightarrow \exists \lambda \in \Delta(I) \; \forall \rho \in \Delta(\Gamma \setminus \{\emptyset\}): D(\rho, \lambda) < 0$

  $\Longleftrightarrow D^* = \min_{\lambda \in \Delta(I)} \max_{\rho \in \Delta(\Gamma \setminus \{\emptyset\})} D(\rho, \lambda) < 0$

- (4.2) が $\rho \in \Delta(\Gamma \setminus \{\emptyset\})$ を解に持つ

  $\Longleftrightarrow \exists \rho \in \Delta(\Gamma \setminus \{\emptyset\}) \; \forall \lambda \in \Delta(I): D(\rho, \lambda) \geq 0$

  $\Longleftrightarrow D^* = \max_{\rho \in \Delta(\Gamma \setminus \{\emptyset\})} \min_{\lambda \in \Delta(I)} D(\rho, \lambda) \geq 0$

という関係がそれぞれ成り立つので,補題 4.3 が従う. □

さて,必要性の対偶の証明に戻って,**0** は **g** において強単調ポテン

シャル最大化解ではないとします．すると，補題 4.2 と補題 4.3 より，
(4.2) を満たす $\rho \in \Delta(\Gamma \setminus \{\emptyset\})$ が存在します．このことが成り立つよう
な 2 行動優モジュラーゲームの集合においてジェネリックな **g** を考え
ることで，強い不等式系

$$\sum_{\gamma \in \Gamma_i} \rho(\gamma) f_i(a_{-i}(\gamma)) > 0 \quad (\rho(\Gamma_i) > 0 \text{ なるすべての } i \in I \text{ に対して})$$
(4.3)

が解 $\rho \in \Delta(\Gamma \setminus \{\emptyset\})$ を持つとします．次を示せば十分です．

命題 4.4 2 行動優モジュラーゲーム **g** に対して，(4.3) を満たす $\rho \in \Delta(\Gamma \setminus \{\emptyset\})$ が存在するならば，任意の $\varepsilon > 0$ に対して，ある ε-精緻化 $(T, \pi, \mathbf{u})$ が存在して，その任意のベイズ・ナッシュ均衡 σ は $\pi_\sigma(\mathbf{0}) = 0$ を満たす．

証明 任意に $\varepsilon > 0$ をとる．(4.3) が $\Delta(\Gamma \setminus \{\emptyset\})$ に解を持つならば，**g** の優モジュラー性から，解 $\rho \in \Delta(\Gamma \setminus \{\emptyset\})$ として，あるプレイヤーたちの集合 ($I(\rho)$ とする) が存在して，$\rho(\gamma) > 0$ ならば ρ は $I(\rho)$ のプレイヤーたちの置換である，という性質を持つものが存在する (OT 論文 Lemma 2(2))．そのような ρ に対して，ε-精緻化 $(T, \pi, \mathbf{u})$ を次のようなシグナル構造と利得構造から生成されるものとする．$\eta = 1 - (1 - \varepsilon)^{1/(|I|-1)}$ とおき，ε は十分小さいものとする．

- 非負整数 m が幾何分布 $\eta(1-\eta)^m$ に従って引かれる．
- m と独立に，プレイヤーの列 γ が分布 ρ に従って引かれる．
- 各プレイヤー i は

$$t_i = \begin{cases} m + (\gamma \text{ における } i \text{ の順位}) & (\text{もし } \gamma \in \Gamma_i \text{ ならば}) \\ \infty & (\text{そうでなければ}) \end{cases}$$

によって定まるシグナル t_i を受け取る．

- タイプ $t_i = 1, \ldots, |I| - 1$ は，行動 1 が支配行動となるような利得

関数を持つものとする．タイプ $t_i \geq |I|$（$t_i = \infty$ も含める）は，自身の利得関数が **g** での利得関数と同じものであることを知っているものとする．（したがって，$i \in I(\rho)$ ならば $T_i^* = \{|I|, |I|+1, \ldots\}$，$i \in I \setminus I(\rho)$ ならば $T_i^* = \{\infty\}$ である．）

このように生成される不完備情報ゲームにおいて，

$$\pi(T^*) = \sum_{m=|I|-1}^{\infty} \eta(1-\eta)^m = (1-\eta)^{|I|-1} = 1-\varepsilon$$

となるので，これは確かに **g** の ε-精緻化である．

この ε-精緻化において，どのプレイヤー i の $t_i < \infty$ なるどのシグナル（タイプ）に対しても，被強支配行動の反復削除において行動 0 は削除され，したがって行動 1 が唯一の合理化可能行動である，ということを帰納法により示す．まず，$t_i = 1, \ldots, |I|-1$ を受け取ると，η が ε より十分小さいということより，仮定により行動 1 は支配行動であり，行動 0 が削除される．次に，$\tau \geq |I|$ に対して，どのプレイヤー i の $t_i \leq \tau - 1$ のタイプにとって行動 1 が唯一の合理化可能行動であるとする．このとき，タイプ $t_i = \tau$ にとっては，実現したプレイヤーの列において自分より前に現れているプレイヤーたちは行動 1 をとる（帰納法の仮定）ことから，行動 1 をとったときの期待利得はつねに，ε が十分小さいことより近似的に

$$\sum_{\gamma \in \Gamma_i} \rho(\gamma) f_i(a_{-i}(\gamma)) \times (\text{正定数})$$

以上である（f_i の優モジュラー性より）．この値は (4.3) により厳密に正であるので，タイプ $t_i = \tau$ にとっても行動 1 をとるのが厳密に最適であり，行動 0 が削除される．したがって，帰納法より，$t_i < \infty$ なるすべてのタイプにとって行動 1 が唯一の合理化可能行動となる．

よって，すべてのベイズ・ナッシュ均衡 σ について，正の確率で実

現するどんなタイプの組 $t = (t_i)_{i \in I}$ に対しても $\sigma(t)$ が **0** をプレイする確率は 0 であることになるので，命題 4.4 が示された． □

　これによって，定理 4.1 の項目 (2) が証明されたことになります．

　上の証明で構成した ε-精緻化は，大きくいうと E メールゲームの情報構造の拡張になっていると見なせます．

　ところで，OT 論文では，条件 (4.2) や条件 (4.3) は証明の途中経過として登場するだけでしたが，次章で解説する Morris et al. (2020) においては，その不完備情報版がより明示的な役割を担うことになります（それらの条件には「列従順性」「強列従順性」という用語が与えられます）．

4.3　単調ポテンシャルについて

　定理 4.1(2) では，「ジェネリックな」**g** においては頑健均衡は「強」単調ポテンシャル最大化解である，ということを示しました．ジェネリックでないゲームは例外的に振る舞うことが多々あり，そのようなゲームを除くことは大きな問題ではないと判断してよいのですが，一方で，「ジェネリックな」という修飾語によらない，論理的な関係にも興味があります．その後の研究 Oyama and Takahashi (2023) ではこの点をより深く調べました．

　まず，「強」がつかない単調ポテンシャルをわれわれの文脈に沿って定義します．与えられた 2 行動ゲーム **g** に対して

$$I^1 = \{i \in I \mid f_i(a_{-i}) > 0 \ （ある \ a_{-i} \in A_{-i} \ に対して）\}$$

$$I^0 = \{i \in I \mid f_i(a_{-i}) < 0 \ （ある \ a_{-i} \in A_{-i} \ に対して）\}$$

とします．定義より，$I^0 \setminus I^1$（または $I^1 \setminus I^0$）に含まれるプレイヤー i に

とって行動 0 (または 1) は弱支配行動であり，また，$I \setminus (I^1 \cup I^0)$ に含まれるプレイヤー i にとっては f_i は恒等的に 0 になります.

定義 4.4　行動の組 $a^* \in A$ が 2 行動ゲーム **g** において**単調ポテンシャル最大化解** (monotone potential maximizer) であるとは，関数 $v: A \to \mathbb{R}$ と厳密に正の実数の組 $(\lambda_i)_{i \in I}$ が存在して，$a_i^* = 1$ なる I^0 に含まれるすべての i とすべての $a_{-i} \in A_{-i}$ に対して

$$\lambda_i f_i(a_{-i}) \geq v(1, a_{-i}) - v(0, a_{-i}),$$

$a_i^* = 0$ なる I^1 に含まれるすべての i とすべての $a_{-i} \in A_{-i}$ に対して

$$\lambda_i f_i(a_{-i}) \leq v(1, a_{-i}) - v(0, a_{-i}),$$

また，すべての $a \in A \setminus \{a^*\}$ に対して $v(a^*) > v(a)$ が成り立つことをいう.

　このとき，そのような関数 v を **g** における a^* に対する**単調ポテンシャル**という.

　定義により，強単調ポテンシャル最大化解は単調ポテンシャル最大化解であり，ジェネリックなゲームにおいてはその逆も成り立ちますが，すべてのゲームにおいて成り立つわけではありません．すべてのプレイヤーに対して利得が一定であるようなゲームにおいては，すべての行動の組は自明に単調ポテンシャル最大化解ですが，いずれも強単調ポテンシャル最大化解ではありません.

　Oyama and Takahashi (2023) は,「ジェネリックな」という修飾語がつかない，次の命題を示しました.

命題 4.5　任意の 2 行動優モジュラーゲーム **g** に対して，**0** が **g** において頑健であるための必要十分条件は，**0** が **g** において単調ポテンシャル最大化解であることである.

定理 4.1 と同様に，**1** についても直ちに成り立ちます．十分性は Morris and Ui (2005) から従い，任意の行動の組に対して成り立ちますが，その一方で，必要性は **0, 1** 以外では一般には成り立ちません．次の Oyama and Takahashi (2019, Section A.6) からの例によります．

例 4.1 次で与えられる 3 プレイヤー 2 行動優モジュラーゲームを考える：

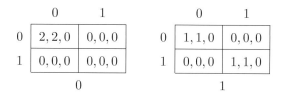

このゲームにおいては，$\{1, 2\} = I^1 \cap I^2$, $\{3\} = I \setminus (I^1 \cup I^2)$ であり，行動の組 **0** は単調ポテンシャル最大化解である．したがって，Morris and Ui (2005) より **0** は頑健である．また，Oyama and Takahashi (2019, Proposition A.2) で示されているように，行動の組 $(0, 0, 1)$ もこのゲームにおいて頑健である．一方，$(0, 0, 1)$ は単調ポテンシャル最大化解ではない．

第 6 章で，すべての 2 行動優モジュラーゲームとすべての行動の組に対して強単調ポテンシャル最大化と同値になるような頑健性の定式化「強頑健性」を議論します．

第 5 章　最小均衡遂行

本章では，情報設計による最小均衡遂行に関する研究，Morris, Oyama, and Takahashi (2020) (以下，MOT 論文と呼ぶことにします) を紹介します.

5.1　最小均衡遂行可能性

第 1 章の定式化に戻り，最小均衡遂行の定義を復習します．本章では 2 行動優モジュラーゲームのみを考えます.

基本ゲームを固定します：

- $I = \{1, \ldots, |I|\}$: プレイヤーの集合
- $A_i = \{0, 1\}$: プレイヤー i の行動集合
- Θ: 状態集合 (有限集合)
- $\mu \in \Delta(\Theta)$: Θ 上の事前確率分布
- $u_i : A \times \Theta \to \mathbb{R}$: プレイヤー i の利得関数

すべてのプレイヤー i の利得関数は優モジュラーであるとします．つまり，利得差分関数を

$$d_i(a_{-i}, \theta) = u_i((1, a_{-i}), \theta) - u_i((0, a_{-i}), \theta)$$

と書くことにして，すべての θ に対して $d_i(a_{-i}, \theta)$ は a_{-i} に関して増加関数であるとします.

次の仮定をおきます：

- 支配状態 (dominance state) の仮定：ある状態 $\overline{\theta} \in \Theta$ が存在して，

すべてのプレイヤー i に対して $d_i(\mathbf{0}_{-i}, \overline{\theta}) > 0$ が成り立つ.

優モジュラー性の仮定より,支配状態の仮定は,状態 $\overline{\theta}$ においてはすべてのプレイヤーにとって行動 1 が支配行動であることを意味します.

情報構造は次の要素からなります:

- T_i: プレイヤー i のタイプ集合 (有限または可算無限集合)
- $\pi \in \Delta(T \times \Theta)$: $T \times \Theta$ 上の事前確率分布

基本ゲームと情報構造を合わせて不完備情報ゲームが定義されます.基本ゲームを固定しておいて,情報構造 $\mathcal{T} = (T, \pi)$ が不完備情報ゲームを表すものとします.利得の優モジュラー性から,不完備情報ゲームは最小ベイズ・ナッシュ均衡を持ちます(純粋戦略からなります).

情報構造 $\mathcal{T}$ と戦略の組 σ が帰結 $\nu \in \Delta(A \times \Theta)$ を**誘導する**とは,すべての $(a, \theta) \in A \times \Theta$ に対して

$$\nu(a, \theta) = \sum_{t \in T} \pi(t, \theta) \prod_{i \in I} \sigma_i(t_i)(a_i)$$

が成り立つことをいいました.帰結の最小均衡遂行可能性は次で定義されます.

定義 5.1   帰結 $\nu \in \Delta(A \times \Theta)$ が**最小均衡遂行可能** (smallest equilibrium implementable) であるとは,ある情報構造が存在して,その最小ベイズ・ナッシュ均衡が ν を誘導することをいう.

最小均衡遂行可能な帰結全体からなる集合を SI と書くことにします.明らかに SI は部分遂行可能な帰結全体の集合 PI の部分集合です.集合 SI あるいはその閉包 $\overline{SI}$ を特徴付けるのがここでの目標になります.

5.2 列従順性

本節では，最小均衡遂行可能性を特徴付けるための概念「列従順性」を定義します (前章で頭出ししましたが，本章での状態変数を含む枠組においての定義を与えます)．前章で導入したように，

- Γ: プレイヤーを重複を許さず何人か (0 人でもよい) を選んで並べた列全体の集合
- $\Gamma_i \subset \Gamma$: プレイヤー i が登場するような列全体の集合
- $a(\gamma) \in A$: 列 $\gamma \in \Gamma$ に登場するプレイヤーたちのみが 1 をとるような行動の組
- $a_{-i}(\gamma) \in A_{-i}$: $\gamma \in \Gamma_i$ に対して，プレイヤー i より前に登場するプレイヤーたちが行動 1 をとり，それ以外のプレイヤーたちが行動 0 をとるような，i 以外のプレイヤーたちの行動の組

とします．

$\Gamma \times \Theta$ 上の確率分布を**順序付き帰結** (ordered outcome) と呼ぶことにします．順序付き帰結 $\nu_\Gamma \in \Delta(\Gamma \times \Theta)$ は

$$\nu(a, \theta) = \sum_{\gamma \in \Gamma : a(\gamma) = a} \nu_\Gamma(\gamma, \theta)$$

により (順序付きではない) 帰結 $\nu \in \Delta(A \times \Theta)$ を誘導します.

定義 5.2 順序付き帰結 $\nu_\Gamma \in \Delta(\Gamma \times \Theta)$ が**列従順性** (sequential obedience) を満たすとは，すべての $i \in I$ に対して

$$\sum_{\gamma \in \Gamma_i, \theta \in \Theta} \nu_\Gamma(\gamma, \theta) d_i(a_{-i}(\gamma), \theta) \geq 0 \qquad (5.1)$$

が成り立つことをいう.

また，$\nu_\Gamma(\Gamma_i \times \Theta) > 0$ なるすべての $i \in I$ に対して条件 (5.1) が強い

不等号で成り立つとき，ν_Γ は**強列従順性** (strict sequential obedience) を満たすという．

定義 5.3 帰結 $\nu \in \Delta(A \times \Theta)$ が列従順性 (強列従順性) を満たすとは，ν を誘導するような列従順性 (強列従順性) を満たす順序付き帰結が存在することをいう．

条件 (5.1) は第 4 章の補題 4.3 に現れた条件 (4.2) の一般化と見なすことができます．

列従順性は，第 2 章で議論した従順性のうち，行動 1 に関する条件を強めたものになっています．実際，帰結 ν が列従順性を満たすならば，ν を誘導する順序付き帰結を ν_Γ として，

$$\sum_{a_{-i},\theta} \nu((1,a_{-i}),\theta)d_i(a_{-i},\theta) = \sum_{\gamma,\theta} \nu_\Gamma(\gamma,\theta)d_i(a(\gamma)_{-i},\theta)$$

$$\geq \sum_{\gamma,\theta} \nu_\Gamma(\gamma,\theta)d_i(a_{-i}(\gamma),\theta) \geq 0$$

が成り立つので，ν は行動 1 についての従順性を満たします．ここで，$a(\gamma)_{-i} \in A_{-i}$ は，i 以外のプレイヤーたちの行動の組であって「γ に含まれる (i 以外の) プレイヤーは行動 1 をとり，含まれないプレイヤーは行動 0 をとる」ものとし，また，一つ目の弱い不等号は u_i の優モジュラー性から従います．

5.3 特徴付け

列従順性の概念によって，最小均衡遂行可能性は次のように特徴付けられます．

定理 5.1 (1) 帰結 ν が最小均衡遂行可能ならば，ν は整合性，従順性，

強列従順性を満たす.

(2) 帰結 ν が整合性, 従順性, 強列従順性, $\nu(\mathbf{1}, \overline{\theta}) > 0$ を満たすならば, ν は最小均衡遂行可能である.

　上で見たとおり, 列従順性は行動 1 についての従順性を導くので, (強) 列従順性の下で従順性から追加的に課される条件は行動 0 についての従順性

$$\sum_{a_{-i}, \theta} \nu((0, a_{-i}), \theta) d_i(a_{-i}, \theta) \leq 0$$

です.

　定理 5.1 から次が従います.

系 5.2　帰結 ν が $\overline{SI}$ に含まれるための必要十分条件は, ν が整合性, 従順性, 列従順性を満たすことである.

　必要性は定理 5.1(1) と連続性の議論から導かれます. 十分性の方は, 整合性, 従順性, 列従順性を満たす帰結は, 整合性, 従順性, 強列従順性, $\hat{\nu}(\mathbf{1}, \overline{\theta}) > 0$ を満たす帰結 $\hat{\nu}$ で近似できることより, 定理 5.1(2) から導かれます. 系 5.2 から, $\overline{SI}$ は整合性, 従順性, 列従順性の有限の線形不等式系で定義される凸多面体に等しいことがわかります.

　以下で定理 5.1 の証明を行います.

5.3.1　必要性

本節では, 定理 5.1(1) を示します.

項目 (1) の証明　帰結 ν が最小均衡遂行可能であるとする. 第 2 章の命題 2.1 より, ν は整合性, 従順性を満たす. 以下, ν が強列従順性を満たすことを示す.

　情報構造 $\mathcal{T} = (T, \pi)$ において, その最小均衡 $\underline{\sigma}$ が ν を誘導するもの

とする.「どのプレイヤーのどのタイプも行動0をとる」という純粋戦略の組 $(\sigma_i^0)_{i \in I}$ から始めて,プレイヤー $1, 2, \ldots, |I|$ の順に逐次的に最適反応をプレイしていく過程を考える.$\{(\sigma_i^n)_{i \in I}\}_{n=0}^{\infty}$ をこの過程で得られる純粋戦略の組の列,つまり

- $i \equiv n \pmod{|I|}$ かつ

$$\sum_{t_{-i} \in T_{-i}, \theta \in \Theta} \pi(t_{-i}, \theta | t_i) d_i(\sigma_{-i}^{n-1}(t_{-i}), \theta) > 0 \qquad (5.2)$$

ならば $\sigma_i^n(t_i) = 1$

- さもなければ $\sigma_i^n(t_i) = 0$

を満たすものとする.d_i の優モジュラー性から,各 $i \in I$,各 $t_i \in T_i$ に対して $\{\sigma_i^n(t_i)\}$ は単調に最小均衡行動 $\underline{\sigma}_i(t_i)$ に収束する.つまり,$\underline{\sigma}_i(t_i) = 1$ ならば $\sigma_i^n(t_i)$ は有限回で 1 になりその先ずっと 1 のままであり,また $\underline{\sigma}_i(t_i) = 0$ ならば $\sigma_i^n(t_i)$ はずっと 0 のままである.ここで,各プレイヤー $i \in I$ の各タイプ $t_i \in T_i$ に対して,

- $\sigma_i^{n-1}(t_i) = 0$ かつ $\sigma_i^n(t_i) = 1$ ならば $n_i(t_i) = n$
- つねに $\sigma_i^n(t_i) = 0$ ならば $n_i(t_i) = \infty$

と定める.また,プレイヤーの列 $\gamma = (i_1, \ldots, i_k) \in \Gamma$ に対して,$T(\gamma) \in T$ を「$(n_i(t_i))_{i \in I}$ が γ の通りに並んでいる」ようなタイプの組 $(t_i)_{i \in I}$ からなる集合,すなわち「$n_{i_1}(t_{i_1}) < \cdots < n_{i_k}(t_{i_k}) < \infty$ かつ,$i \notin \{i_1, \ldots, i_k\}$ ならば $n_i(t_i) = \infty$ である」ようなタイプの組 $(t_i)_{i \in I}$ からなる集合とする.そして,$\nu_\Gamma \in \Delta(\Pi \times \Theta)$ を

$$\nu_\Gamma(\gamma, \theta) = \sum_{t \in T(\gamma)} \pi(t, \theta)$$

により,また,各 $i \in I$ と $n_i(t_i) < \infty$ なる各 $t_i \in T_i$ に対して $\nu_{\Gamma,i}(\cdot | t_i) \in \Delta(\Pi \times \Theta)$ を

$$\nu_{\Gamma,i}(\gamma, \theta | t_i) = \sum_{t_{-i} \in T_{-i} : (t_i, t_{-i}) \in T(\gamma)} \pi_i(t_{-i}, \theta | t_i)$$

により定義する．各 $i \in I$ に対して

$$\nu_\Gamma(\gamma,\theta) = \sum_{t_i \in T_i : n_i(t_i) < \infty} \pi_i(t_i)\nu_{\Gamma,i}(\gamma,\theta|t_i)$$

が成り立つことに注意する．構成より，

$$\sum_{\gamma \in \Gamma : a(\gamma)=a} \nu_\Gamma(\gamma,\theta) = \sum_{\gamma \in \Gamma : a(\gamma)=a} \sum_{t \in T(\gamma)} \pi(t,\theta)$$

$$= \sum_{t \in T : \underline{\sigma}(t)=a} \pi(t,\theta) = \nu(a,\theta)$$

が成り立つ，すなわち，ν_Γ は ν を誘導する．

ν_Γ が強列従順性を満たすことを示したい．$n_i(t_i) < \infty$ なる $t_i \in T_i$ に対して，(5.2) 式より，

$$0 < \sum_{t_{-i} \in T_{-i}, \theta \in \Theta} \pi(t_{-i},\theta|t_i)d_i\left(\sigma_{-i}^{n_i(t_i)-1}(t_{-i}),\theta\right)$$

$$= \sum_{\gamma \in \Gamma_i, \theta \in \Theta} \sum_{t_{-i} \in T_{-i} : (t_i,t_{-i}) \in T(\gamma)} \pi_i(t_{-i},\theta|t_i)d_i(a_{-i}(\gamma),\theta)$$

$$= \sum_{\gamma \in \Gamma_i, \theta \in \Theta} \nu_{\Gamma,i}(\gamma,\theta|t_i)d_i(a_{-i}(\gamma),\theta)$$

が成り立つ．この不等式に $\pi(t_i)$ を掛けて $n_i(t_i) < \infty$ なるすべての $t_i \in T_i$ について足し合わせると

$$0 < \sum_{t_i \in T_i : n_i(t_i) < \infty} \pi_i(t_i) \sum_{\gamma \in \Gamma_i, \theta \in \Theta} \nu_{\Gamma,i}(\gamma,\theta|t_i)d_i(a_{-i}(\gamma),\theta)$$

$$= \sum_{\gamma \in \Gamma_i, \theta \in \Theta} \nu_\Gamma(\gamma,\theta)d_i(a_{-i}(\gamma),\theta)$$

を得る．これで ν_Γ が強列従順性を満たすことが示された． □

5.3.2 十分性

本節では，定理 5.1(2) を示します．

OT 論文での証明と基本的なアイデアは同じです．ここでは OT 論文のケースとは異なり，支配行動を持つタイプを外から設定することができないので，支配状態の仮定をうまく使って被支配戦略の削除の連鎖を起こす必要があります．

項目 (2) の証明　帰結 ν が整合性，従順性，強列従順性，$\nu(\mathbf{1}, \overline{\theta}) > 0$ を満たすとする．最小均衡が ν を誘導するような情報構造を構成したい．

順序付き帰結 ν_Γ を強列従順性を満たし ν を誘導するものとする．仮定 $\nu(\mathbf{1}, \overline{\theta}) > 0$ より，すべてのプレイヤーからなる列 $\overline{\gamma} \in \Gamma$ が存在して $\nu_\Gamma(\overline{\gamma}, \overline{\theta}) > 0$ が成り立つ．$\varepsilon < \nu_\Gamma(\overline{\gamma}, \overline{\theta})$ となるような十分小さな正数 $\varepsilon > 0$ をとり，$\eta > 0$ を ε よりさらに十分小さい正数とする．情報構造 (T, π) を次のようなシグナル構造から生成されるものとする：

- 非負整数 m が幾何分布 $\eta(1-\eta)^m$ に従って引かれる．
- m と独立に，プレイヤーの列 γ が状態 θ と相関して $\nu_\Gamma(\gamma, \theta)$ に従って引かれる．ただし例外があって，$\overline{\theta}$ において $\overline{\gamma}$ が引かれる確率は $\nu_\Gamma(\overline{\gamma}, \overline{\theta}) - \varepsilon$ とする．
- 各プレイヤー i は

$$t_i = \begin{cases} m + (\gamma \text{ における } i \text{ の順位}) & (\text{もし } \gamma \in \Gamma_i \text{ ならば}) \\ \infty & (\text{そうでなければ}) \end{cases}$$

  によって定まるシグナル t_i を受け取る．
- 残り ε の確率に対しては，状態 $\overline{\theta}$ において各確率 $\frac{\varepsilon}{|I|-1}$ で $(t_1, \ldots, t_{|I|}) = (1, \ldots, 1), \ldots, (|I|-1, \ldots, |I|-1)$ というシグナルを受け取る．

この情報構造 (T, π) において，まず，どのプレイヤー i の $t_i < \infty$ なるどのシグナル（タイプ）に対しても，被強支配行動の反復削除にお

いて行動 0 は削除され，したがって行動 1 が唯一の合理化可能行動である，ということを帰納法により示す．まず，$t_i = 1, \dots, |I| - 1$ を受け取ると，η が ε より十分小さいということより，$\overline{\theta}$ に割り当てる事後確率は十分大きい．したがって，支配状態の仮定より，行動 1 をとるのが厳密に最適であり，行動 0 が削除される．次に，$\tau \geq |I|$ に対して，どのプレイヤー i の $t_i \leq \tau - 1$ のタイプにとって行動 1 が唯一の合理化可能行動であるとする．このとき，タイプ $t_i = \tau$ にとっては，実現したプレイヤーの列において自分より前に現れているプレイヤーたちは行動 1 をとる (帰納法の仮定) ことから，行動 1 をとったときの期待利得はつねに，η と ε が十分小さいことより近似的に

$$\sum_{\gamma \in \Gamma_i, \theta \in \Theta} \nu_\Gamma(\gamma, \theta) d_i(a_{-i}(\gamma), \theta) \times （正定数）$$

以上である（d_i の優モジュラー性より）．この値は強列従順性より厳密に正であるので，タイプ $t_i = \tau$ にとっても行動 1 をとるのが厳密に最適であり，行動 0 が削除される．したがって，帰納法より，$t_i < \infty$ なるすべてのタイプにとって行動 1 が唯一の合理化可能行動となる．

　次に，各プレイヤー i に対して $\underline{\sigma}_i$ を，$t_i < \infty$ ならば行動 1 をとり，$t_i = \infty$ ならば行動 0 をとるような戦略とする．プレイヤー i のタイプ $t_i = \infty$ を考え，i 以外のプレイヤーが $\underline{\sigma}_{-i}$ に従っているとする．このとき，タイプ $t_i = \infty$ にとっての行動 1 の期待利得は

$$\sum_{a_{-i} \in A_{-i}, \theta \in \Theta} \nu_\Gamma(\{\gamma \in \Gamma \mid a(\gamma) = (0, a_{-i})\} \times \{\theta\}) d_i(a_{-i}, \theta) \times （正定数）$$

$$= \sum_{a_{-i} \in A_{-i}, \theta \in \Theta} \nu((0, a_{-i}), \theta) d_i(a_{-i}, \theta) \times （正定数）$$

となる．ただし，$(0, a_{-i}) \in A$ はプレイヤー i が行動 0 をとりその他のプレイヤーが a_{-i} をとるような行動の組であり，等式は ν_Γ が ν を誘導することから従う．この式の値は，（行動 0 に対する）従順性より 0

以下であるので，プレイヤー i は行動 0 をとるのが（少なくとも弱い意味で）最適である．

　以上より，(T, π) において戦略の組 $(\underline{\sigma}_i)_{i \in I}$ はベイズ・ナッシュ均衡であり，さらに，行動 1 は唯一の合理化可能行動として選択されているので，最小のベイズ・ナッシュ均衡である．構成より $(\underline{\sigma}_i)_{i \in I}$ は ν を誘導するので，ν の最小均衡遂行可能性が示された．　　　　　□

　最後に，OT 論文での情報構造の構成との関連を述べておきます．ここで説明した MOT 論文での構成は OT 論文のものと基本的なアイデアは共有していますが，Kajii and Morris (1997) の頑健性の定義と MOT 論文での情報設計の問題設定との違いから，いくつか重要な違いがあります．

- OT 論文では，ターゲットとなる行動分布（$\Delta(A)$ の要素，第 4 章では **0** に退化した分布）から乖離した何らかの行動分布を極限で最小均衡遂行すれば十分であった．MOT 論文ではターゲットとなる帰結（$\Delta(A \times \Theta)$ の要素）をぴったり最小均衡遂行するのが目標である．

- OT 論文では，支配行動を持つタイプを（事前確率 ε 以下である限り）自由に設定できるが，MOT 論文ではそのような自由度はない．その代わりに支配状態の存在を活用して被支配行動の繰り返し削除を開始させる．

- ε-精緻化においては，$1 - \varepsilon$ 以上の確率で「各プレイヤーは自分の利得は完備情報ゲームの利得関数で与えられる」ということを知っている，ということが成り立つ必要があるが，MOT 論文ではそのような制約はない．

　第 6 章で，ここでの枠組と親和性の高いような頑健性概念の別類型「強頑健性」を議論します．

5.4　双対表現

第 4 章で行った双対性の議論と同様な考察をここでも行ってみます.
帰結 $\nu \in \Delta(A \times \Theta)$ に対して,

$$I(\nu) = \{i \in I \mid \nu((1, a_{-i}), \theta) > 0 \quad （ある\ a_{-i} \in A_{-i}\ と\ \theta \in \Theta\ に対して）\}$$

と定義します. つまり, $I(\nu)$ は ν において正の確率で行動 1 をとるプ
レイヤーの集合です. また, $a \in A$ に対して $S(a) = \{i \in I \mid a_i = 1\}$ とし
ます.

命題 5.3　帰結 ν が列従順性を満たすための必要十分条件は, どんな
$(\lambda_i)_{i \in I} \in \mathbb{R}_+^I$ に対しても

$$\sum_{a \in A, \theta \in \Theta} \nu(a, \theta) \max_{\gamma : a(\gamma) = a} \sum_{i \in S(a)} \lambda_i d_i(a_{-i}(\gamma), \theta) \geq 0 \qquad (5.3)$$

が成り立つことである.

　また, 帰結 ν が強列従順性を満たすための必要十分条件は, 少なく
とも一つの $i \in I(\nu)$ に対して $\lambda_i > 0$ となるようなどんな $(\lambda_i)_{i \in I} \in \mathbb{R}_+^I$
に対しても条件 (5.3) が強い不等号で成り立つことである.

証明　強列従順性についても同様であるので, 列従順性についてのみ
証明する.

　与えられた帰結 $\nu \in \Delta(A \times \Theta)$ に対して, コンパクト凸集合 $N_\Gamma(\nu) =$
$\{\nu_\Gamma \in \Delta(\Gamma \times \Theta) \mid \sum_{\gamma : \bar{a}(\gamma) = a} \nu_\Gamma(\gamma, \theta) = \nu(a, \theta)\}$ を定義する. $\nu_\Gamma \in N_\Gamma(\nu)$
と $\lambda \in \Delta(I)$ に対して, $D(\nu_\Gamma, \lambda)$ を

$$D(\nu_\Gamma, \lambda) = \sum_{i \in I} \lambda_i \sum_{\gamma \in \Gamma_i, \theta \in \Theta} \nu_\Gamma(\gamma, \theta) d_i(a_{-i}(\gamma), \theta)$$

$$= \sum_{\gamma \in \Gamma, \theta \in \Theta} \nu_{\Gamma}(\gamma, \theta) \sum_{i \in S(\gamma)} \lambda_i d_i(a_{-i}(\gamma), \theta)$$

$$= \sum_{a \in A, \theta \in \Theta} \sum_{\gamma : a(\gamma) = a} \nu_{\Gamma}(\gamma, \theta) \sum_{i \in S(a)} \lambda_i d_i(a_{-i}(\gamma), \theta)$$

と定義する.ν_Γ と λ のそれぞれについて線形であることに注意する.

まず,ν が列従順性を満たすための必要十分条件は,ある $\nu_\Gamma \in N_\Gamma(\nu)$ が存在して,すべての $\lambda \in \Delta(I)$ に対して $D(\nu_\Gamma, \lambda) \geq 0$ が成り立つことであるが,これは

$$\max_{\nu_\Gamma \in N_\Gamma(\nu)} \min_{\lambda \in \Delta(I)} D(\nu_\Gamma, \lambda) \geq 0 \tag{5.4}$$

と同値である.一方,各 $\lambda \in \Delta(I)$ に対して条件 (5.3) の左辺は $\max_{\nu_\Gamma \in N_\Gamma(\nu)} D(\nu_\Gamma, \lambda)$ に等しいので,条件 (5.3) は

$$\min_{\lambda \in \Delta(I)} \max_{\nu_\Gamma \in N_\Gamma(\nu)} D(\nu_\Gamma, \lambda) \geq 0 \tag{5.5}$$

と同値である.ここで,ミニマックス定理より

$$\max_{\nu_\Gamma \in N_\Gamma(\nu)} \min_{\lambda \in \Delta(I)} D(\nu_\Gamma, \lambda) = \min_{\lambda \in \Delta(I)} \max_{\nu_\Gamma \in N_\Gamma(\nu)} D(\nu_\Gamma, \lambda)$$

が成り立つので,(5.4) と (5.5) は同値である.したがって,列従順性と (5.3) は同値である. □

5.5 ポテンシャルゲーム

第 5.3 節において,列従順性という有限次元の条件(順序付き帰結の存在)を用いて,無限次元の概念(情報構造の存在)であるところの最小均衡遂行可能性を特徴付けました.列従順性は有限次元の条件(順序付き帰結の存在)なのですが,順序付き帰結の次元は $|\Gamma| \times |\Theta|$ な

ので（$|\Gamma|$ は $|I|! \times e$ の整数部分に等しい），それでも一般には複雑な
条件です．本節では，ポテンシャルゲームというゲームのクラス（I,
A, Θ を固定した上で利得の組 $\mathbf{u} = (u_i)_{i \in I}$ に対して定義します）に注
目し，これらのゲームにおいては列従順性はより簡潔な条件で書ける
ことを見ます．

定義 5.4　2 行動ゲーム $\mathbf{u}$ が**ポテンシャルゲーム** (potential games) であ
るとは，関数 $\Phi \colon A \times \Theta \to \mathbb{R}$ が存在して，すべての $\theta \in \Theta$ に対して

$$d_i(a_{-i}, \theta) = \Phi((1, a_{-i}), \theta) - \Phi((0, a_{-i}), \theta)$$
$$(\text{すべての } i \in I, a_{-i} \in A_{-i} \text{ に対して})$$

が成り立つことをいう．

このとき，Φ を $\mathbf{u}$ の**ポテンシャル関数** (potential function) という．

ここから，ポテンシャルゲームにおける列従順性を考察します．以
下では，基本ゲーム $\mathbf{u}$ がポテンシャル関数 Φ を持つとします．基準化
により，すべての $\theta \in \Theta$ に対して

$$\Phi(\mathbf{0}, \theta) = 0$$

を満たすものとします．帰結 $\nu \in \Delta(A \times \Theta)$ に対して，新しい関数
$\Phi_\nu \colon A \to \mathbb{R}$ を

$$\Phi_\nu(a) = \sum_{a' \in A, \theta \in \Theta} \nu(a', \theta) \Phi(a \wedge a', \theta)$$

で定義します．ただし，$b = a \wedge a'$ は $a_i = a_i' = 1$ のとき，またそのとき
に限り $b_i = 1$ であるような行動の組を表します．

ここでは，議論を簡単にするため，ある $\theta \in \Theta$ に対して $\nu(\mathbf{1}, \theta) > 0$
となるような（つまり $I(\nu) = I$ となるような）帰結 ν のみを考えるこ
とにします．（MOT 論文では一般の帰結に対して議論しています．）

定義 5.5 帰結 ν（ただし $I(\nu)=I$ とする）が**提携従順性** (coalitional obedience) を満たすとは，すべての $a \in A$ に対して

$$\Phi_\nu(\mathbf{1}) \geq \Phi_\nu(a)$$

が成り立つことをいう．

次の命題が成り立ちます．

命題 5.4 帰結 ν（ただし $I(\nu)=I$ とする）が列従順性を満たすための必要十分条件は，それが提携従順性を満たすことである．

十分性の方は，ν が提携従順性を満たすならば命題5.3の条件を満たすということを確かめることで示されます．

ポテンシャル関数 Φ が次の意味で凸性を満たすならば，完全協調帰結に対する提携従順性の条件はさらに簡単になります．

定義 5.6 ポテンシャル関数 Φ が**凸性** (convexity) を満たすとは，すべての $a \in A, \theta \in \Theta$ に対して

$$\Phi(a,\theta) \leq \frac{n(a)}{|I|}\Phi(\mathbf{1},\theta)$$

が成り立つことをいう．

基準化 $\Phi(\mathbf{0},\theta) = 0$ より，上式の右辺は $\left(1-\frac{n(a)}{|I|}\right)\Phi(\mathbf{0},\theta) + \frac{n(a)}{|I|}\Phi(\mathbf{1},\theta)$ なので，このように書いた方が凸性の意味をとらえやすいでしょう．

定義 5.7 帰結 ν が**完全協調** (perfect coordination) を満たすとは，すべての $\theta \in \Theta$ に対して，$\nu(a,\theta)>0$ ならば $a=\mathbf{0}$ または $a=\mathbf{1}$ となることをいう．

　Φ の凸性の下では，完全協調帰結の提携従順性（したがって列従順性）は，$a = \mathbf{0}$ に対する不等式のみに弱められます（命題内の不等式の右辺の 0 は $\Phi(\mathbf{0}, \theta) = 0$ の基準化から来ています）．

命題 5.5　ポテンシャル関数 Φ が凸性を満たすとする．このとき，完全協調帰結 ν が列従順性を満たすための必要十分条件は，

$$\sum_{\theta \in \Theta} \nu(\mathbf{1}, \theta) \Phi(\mathbf{1}, \theta) \geq 0$$

が成り立つことである．

　ポテンシャルゲームの一例を次に挙げます．

例 5.1（体制転換ゲーム）　状態空間を $\Theta = \{1, \ldots, |I|\}$ とし，利得差分の関数が

$$d_i(a_{-i}, \theta) = \begin{cases} c_i & (n(a_{-i}) \geq |I| - \theta \text{ ならば}) \\ c_i - 1 & (n(a_{-i}) < |I| - \theta \text{ ならば}) \end{cases}$$

で与えられる．ただし，$0 < c_i < 1$ で，$n(a_{-i})$ は a_{-i} において行動 1 をとるプレイヤーの数である．$\overline{\theta} = |I|$ として支配状態の仮定が満たされていることに注意する．

　解釈は次の通りである．行動 0 は「体制を攻撃する」，行動 1 は「攻撃しない」を表す．体制を攻撃する（0 をとる）プレイヤーの数が θ を上回れば，すなわち，攻撃しない（1 をとる）プレイヤーの数が $|I| - \theta$ を下回れば，体制が転換する．攻撃に参加しないときの利得はつねに 0 で，攻撃に参加すると費用 c_i がかかり，体制が転換すれば粗利益 1 を得て，転換しなければその粗利益は 0 である．

このゲームはポテンシャル関数

$$\Phi(a,\theta) = \begin{cases} \sum_{i \in S(a)} c_i - (|I| - \theta) & (n(a) \geq |I| - \theta \text{ ならば}) \\ \sum_{i \in S(a)} c_i - n(a) & (n(a) < |I| - \theta \text{ ならば}) \end{cases}$$

となる. ただし, $n(a)$ は a において行動 1 をとるプレイヤーの数である.

ポテンシャル関数 Φ は $c_1 = \cdots = c_{|I|}$ のとき, またそのときに限り, 凸性を満たす.

5.6 最悪ケース情報設計

本節では最悪ケース情報設計問題を考えます. プレイヤーたちの外側に情報設計者がいて, プレイヤーたちの行動の組 $a \in A$ と状態 $\theta \in \Theta$ に対して評価関数 $V(a,\theta)$ を持っているとします. ここで基本となる仮定は, 情報設計者にとって行動 1 の方が行動 0 よりつねに望ましいものである, というものです. すなわち, すべての $\theta \in \Theta$ において $V(a,\theta)$ は a について (少なくとも弱い意味で) 単調増加である, と仮定します. また, 基準化によりすべての $\theta \in \Theta$ において $V(\mathbf{0},\theta) = 0$ と仮定します.

ここで考える情報設計問題は, プレイヤーたちは情報設計者にとって最悪ケースの均衡をプレイすると想定した上で, うまく情報構造を設計することで価値 V の期待値を最大化する, というものです. V に関する単調性の仮定の下では, 最悪ケースの均衡とは設計された情報構造 $\mathcal{T}$ の下での最小均衡 $\underline{\sigma} = \underline{\sigma}(\mathcal{T})$ に他なりません. したがって, 最適化問題は

$$\sup_{\mathcal{T}} \min_{\sigma \in E(\mathcal{T})} \sum_{t \in T, \theta \in \Theta} \pi(t,\theta) V(\sigma(t),\theta) = \sup_{\mathcal{T}} \sum_{t \in T, \theta \in \Theta} \pi(t,\theta) V(\underline{\sigma}(t),\theta)$$

と書けます．最小均衡遂行可能帰結の定義から，これはさらに

$$\sup_{\nu \in SI} \sum_{a \in A, \theta \in \Theta} \nu(a,\theta) V(a,\theta) = \max_{\nu \in \overline{SI}} \sum_{a \in A, \theta \in \Theta} \nu(a,\theta) V(a,\theta) \qquad (5.6)$$

と書きかえられます．$\overline{SI}$ 上での $\sum_{a \in A, \theta \in \Theta} \nu(a,\theta) V(a,\theta)$ の最大化問題の解を**最適帰結**と呼ぶことにします．系 5.2 より，この問題は整合性，従順性，列従順性を制約とする $\sum_{a \in A, \theta \in \Theta} \nu(a,\theta) V(a,\theta)$ の最大化問題と同値になります．この問題は有限の線形計画問題なので，原理上，数値的に解くことができます．以下では，目的関数 V にも仮定をおくことで，解析的に最適帰結の構造を分析します．

定義 5.8　目的関数 V がポテンシャル関数 Φ に関して**制限付き凸性**を満たすとは，$\Phi(a,\theta) > \Phi(\mathbf{1},\theta)$ のときに

$$V(a,\theta) \leq \frac{n(a)}{|I|} V(\mathbf{1},\theta)$$

が成り立つことをいう．

　V が凸性の条件（すべての $a \in A$, $\theta \in \Theta$ に対して $V(a,\theta) \leq \frac{n(a)}{|I|} V(\mathbf{1},\theta)$ が成り立つ）を満たせば，自明に制限付き凸性を満たします．凸性 (したがって制限付き凸性) を満たすような例としては

- 行動 1 をとる人数の期待値の最大化：$V(a,\theta) = n(a)$
- 全員が行動 1 をとる確率の最大化：$V(\mathbf{1},\theta) = 1$, $a \neq \mathbf{1}$ に対しては $V(a,\theta) = 0$

があります．凸性より弱い「制限付き」凸性を考えるのは体制転換ゲームの例を含めるようにするためです．

例 5.2（体制転換ゲーム）　例 5.1 の体制転換ゲームにおいて，情報設計者の目的関数が「体制転換の確率を最小化する」というものである

とする．つまり，体制転換の条件が $n(a) < |I| - \theta$ であったので，V が

$$V(a, \theta) = \begin{cases} 1 & (n(a) \geq |I| - \theta \text{ ならば}) \\ 0 & (n(a) < |I| - \theta \text{ ならば}) \end{cases}$$

で与えられているものとする．このとき，$\Phi(a, \theta) > \Phi(\mathbf{1}, \theta)$ が成り立つのは $n(a) < |I| - \theta$ のときのみなので，目的関数 V は制限付き凸性を満たす．

　さて，ここから，ポテンシャル関数 Φ は凸性を満たし，目的関数 V は Φ に関して制限付き凸性を満たすものとします．結論として，最適情報設計問題は完全協調を満たすような最適帰結を持つことを示します．結果を見越して次のような完全協調帰結についての最大化問題

$$\max_{(\nu(\mathbf{1}, \theta))_{\theta \in \Theta}} \sum_{\theta \in \Theta} \nu(\mathbf{1}, \theta) V(\mathbf{1}, \theta) \tag{5.7a}$$

$$\text{s.t.} \quad \sum_{\theta \in \Theta} \nu(\mathbf{1}, \theta) \Phi(\mathbf{1}, \theta) \geq 0 \tag{5.7b}$$

$$0 \leq \nu(\mathbf{1}, \theta) \leq \mu(\theta) \quad (\theta \in \Theta) \tag{5.7c}$$

を考えます．制約 (5.7b) は凸ポテンシャル関数の下での完全協調帰結についての列従順性のための必要十分条件（命題 5.5），制約 (5.7c) は整合性条件です．この問題を解くために，状態空間 Θ について，$\frac{\Phi(\mathbf{1}, \theta)}{V(\mathbf{1}, \theta)}$ が単調増加になるように $\Theta = \{1, \ldots, |\Theta|\}$ と並べることにします．支配状態の仮定より $\Phi(\mathbf{1}, \overline{\theta}) > 0$ であることに注意します．関数 Ψ を

$$\Psi(\theta) = \sum_{\theta' > \theta} \mu(\theta') \Phi(\mathbf{1}, \theta')$$

と定義します ($\theta \in \{0, 1, \ldots, |\Theta|\}$)．$\Psi(0) \geq 0$ ならば，明らかに「どの状態 θ でも行動 1 をとる」という帰結が最適解になるので，以下，非自

明な $\Psi(0) < 0$ のケースに注目することにします. $\theta^* \in \Theta$ を, $\theta \geq \theta^*$ のとき, またそのときに限り, $\Psi(\theta) \geq 0$ となるような状態とします. 一般には $\Psi(\theta^*) > 0$ となり得ますが, ここでは記述を簡潔にするために $\Psi(\theta^*) = 0$ が成り立っていると仮定します(一般的な扱いについては MOT 論文を参照のこと). ここで, 完全協調帰結 ν^* を

$$
\nu^*(a,\theta) = \begin{cases} \mu(\theta) & ((a=\mathbf{1}\ \text{かつ}\ \theta > \theta^*)\ \text{または} \\ & \quad (a=\mathbf{0}\ \text{かつ}\ \theta \leq \theta^*)\ \text{ならば}) \\ 0 & (\text{さもなければ}) \end{cases} \tag{5.8}
$$

で定義します. これが最大化問題 (5.7) の最適解を与えます. 直感的な理由は以下の通りです. 仮定より $V(\mathbf{1},\theta) \geq 0$ なので, $\nu(\mathbf{1},\theta)$ には整合性制約 (5.7c) を満たす範囲でなるべく大きい値 (最大 $\mu(\theta)$) を割り当てたいわけですが, 誘因制約 (5.7b) も満たさなければなりません. 特殊ケースとして $V(\mathbf{1},\theta)$ が θ に依存しない場合は, 状態変数 $\Theta = \{1,\dots,|\Theta|\}$ の並べ方の約束から $\Phi(\mathbf{1},1) \leq \dots \leq 0 \leq \dots \leq \Phi(\mathbf{1},|\Theta|)$ のようになりますが, 制約が緩い順に θ を大きい順に (5.7b) をぎりぎり満たすところまで (すなわち θ^* まで) $\nu(\mathbf{1},\theta) = \mu(\theta)$ とし, それより小さい θ に対しては $\nu(\mathbf{1},\theta) = 0$ とするのが最適になります. $V(\mathbf{1},\theta)$ が θ によって変わりうる一般のケースでは, 制約 $\Phi(\mathbf{1},\theta)$ と便益 $V(\mathbf{1},\theta)$ の比について $\frac{\Phi(\mathbf{1},1)}{V(\mathbf{1},1)} \leq \dots \leq 0 \leq \dots \frac{\Phi(\mathbf{1},|\Theta|)}{V(\mathbf{1},|\Theta|)}$ と並べて, 同様の議論を行えばよいことになります.

　本節の主定理は, 完全協調帰結 ν^* は実はもともとの最適情報設計問題 (5.6) の最適帰結になっている, というものです.

定理 5.6　ポテンシャル関数 Φ が凸性を満たし, 目的関数 V が制限付き凸性を満たすものとする. このとき, 最適情報設計問題 (5.6) は完全協調を満たすような最適帰結を持つ. とくに, $\Psi(\theta^*) = 0$ のとき, 式 (5.8) で定義される ν^* は最適帰結である.

証明は MOT 論文を参照のこと．その概要は以下の通りです．構成
より ν^* は列従順性と整合性を満たし，また，（行動 0 に対する）従順
性を満たすことも容易に確かめられます．したがって，$\nu^* \in \overline{SI}$ が成り
立ちます．次に任意の $\nu \in \overline{SI}$ をとります (列従順性と整合性を満たし
ます)．ν から，確率を「端点」である行動 0 と 1 に移すことで新しい
完全協調帰結

$$
\nu'(a,\theta) = \begin{cases} \sum_{a' \in A} \left(1 - \frac{n(a)}{|I|} \right) \nu(a,\theta) & (a = \mathbf{0} \text{ のとき}) \\ \sum_{a' \in A} \frac{n(a)}{|I|} \nu(a,\theta) & (a = \mathbf{1} \text{ のとき}) \\ 0 & (\text{そうでなければ}) \end{cases}
$$

を作ります．すると，ν' は整合性を満たし，また，Φ の凸性から
$\Phi_{\nu'}(\mathbf{1}) \geq \Phi_{\nu}(\mathbf{1}) \geq 0$ が成り立つので，列従順性も満たします．さらに，
V の制限付き凸性から $\sum_{a,\theta} \nu'(a,\theta)V(a,\theta) \geq \sum_{a,\theta} \nu(a,\theta)V(a,\theta)$ が成
り立ちます．最後に，ν' は緩和問題 (5.7) の制約を満たし，ν^* が (5.7)
の最適解であることから $\sum_{a,\theta} \nu^*(a,\theta)V(a,\theta) \geq \sum_{a,\theta} \nu'(a,\theta)V(a,\theta) \geq$
$\sum_{a,\theta} \nu(a,\theta)V(a,\theta)$ が成り立つということになります．これで，ν^* が
もともとの情報設計問題 (5.6) の最適帰結であることが従います．

もし，プレイヤーの集合が連続体で与えられていて，状態空間 Θ が $\mathbb{R}$
の区間 (したがって，状態変数 θ は連続変数) だったとすると，境界値 θ^*
の条件はより簡潔な表現で書くことができます．具体的には，利得差分
関数 d はすべてのプレイヤーで共通で，d も 情報設計者の目的関数 V
も行動 1 をとるプレイヤーの割合 ℓ に依存し，状態変数 θ について増加
であるとします．このとき，ポテンシャル関数は $\Phi(\ell,\theta) = \int_0^\ell d(\ell',\theta)d\ell'$
と書け，最適帰結の連続極限は，

$$
\int_{\theta > \theta^*} \Phi(1,\theta)d\mu(\theta) = 0
$$

で与えられる θ^* に対して，$\theta > \theta^*$ ならば全プレイヤーが 1 をとり，

$\theta \leq \theta^*$ ならば全プレイヤーが 0 をとる，という帰結になります[3]．Morris, Oyama, and Takahashi (2022b) では，この連続バージョンにおいて，グローバルゲームを用いた最小均衡遂行を提示しています．

5.7　全遂行可能性

本節では全遂行を考察します．

定義 5.9　帰結 $\nu \in \Delta(A \times \Theta)$ が**全遂行可能** (fully implementable) であるとは，ある情報構造が存在して，そのすべてのベイズ・ナッシュ均衡が ν を誘導することをいう．

全遂行可能な帰結全体からなる集合を *FI* と書くことにします．明らかに，*FI* は *SI* の部分集合です．

支配状態の仮定を行動 0 についても課します．

- ある状態 $\underline{\theta} \in \Theta$ が存在して，すべてのプレイヤー i に対して $d_i(\mathbf{1}_{-i}, \underline{\theta}) < 0$ が成り立つ．

列従順性の「逆」版を定義するために，記号をいくつか導入します：

- $a^0(\gamma^0) \in A$: 列 $\gamma^0 \in \Gamma$ に登場するプレイヤーたちのみが 0 をとるような行動の組
- $a^0_{-i}(\gamma^0) \in A_{-i}$: $\gamma^0 \in \Gamma_i$ に対して，プレイヤー i より前に登場するプレイヤーたちが行動 0 をとり，それ以外のプレイヤーたちが行動 1 をとるような，i 以外のプレイヤーたちの行動の組

順序付き帰結 $\nu^0_\Gamma \in \Delta(\Gamma \times \Theta)$ が帰結 $\nu \in \Delta(A \times \Theta)$ を**逆誘導する** (reverse induce) とは，すべての $(a, \theta) \in A \times \Theta$ に対して

$$\nu(a, \theta) = \sum_{\gamma^0 \in \Gamma: a^0(\gamma^0) = a} \nu^0_\Gamma(\gamma^0, \theta)$$

---

[3] Morris et al. (2022b) で証明が与えられています．

が成り立つことをいいます.

逆列従順性は次のように定義されます.

定義 5.10 順序付き帰結 $\nu_\Gamma^0 \in \Delta(\Gamma \times \Theta)$ が**逆列従順性** (reverse sequential obedience) を満たすとは,すべての $i \in I$ に対して

$$\sum_{\gamma^0 \in \Gamma_i, \theta \in \Theta} \nu_\Gamma^0(\gamma^0, \theta) d_i(a_{-i}^0(\gamma), \theta) \leq 0 \qquad (5.9)$$

が成り立つことをいう.

また,$\nu_\Gamma^0(\Gamma_i \times \Theta) > 0$ なるすべての $i \in I$ に対して条件 (5.9) が強い不等号で成り立つとき,ν_Γ^0 は**強逆列従順性** (strict reverse sequential obedience) を満たすという.

帰結 $\nu \in \Delta(A \times \Theta)$ が逆列従順性(強逆列従順性)を満たすとは,ν を逆誘導するような逆列従順性(強逆列従順性)を満たす順序付き帰結が存在することをいう.

帰結 ν が全遂行可能ならば,それは最小均衡遂行可能かつ最大均衡遂行可能ですから,定理 5.1(1) を行動 0, 1 を入れ替えたケースにも適用することで,ν は強列従順性および強逆列従順性を満たすことがわかります.その逆も,追加的な条件の下で成り立ちます.

定理 5.7 (1) 帰結 ν が全遂行可能ならば,ν は整合性,強列従順性,強逆列従順性を満たす.

(2) 帰結 ν が整合性,強列従順性,強逆列従順性,$\nu(\mathbf{1}, \overline{\theta}) > 0$,$\nu(\mathbf{0}, \underline{\theta}) > 0$ を満たすならば,ν は全遂行可能である.

一般に,全遂行可能性は最小均衡遂行可能性より厳密に強い概念です.しかし,興味深いことに,最小均衡遂行可能な帰結のうち,1 次確率支配順序に関して極大なものは全遂行可能になっています.

命題 5.8　どんな $\nu \in \overline{SI}$ に対しても，ν を確率支配するような $\hat{\nu} \in \overline{FI}$ が存在する．とくに，$FI \neq \emptyset$ である．

　この命題より，目的関数 V の単調性の下では，全遂行の下での最適情報設計問題は最小均衡遂行の下での最適情報設計問題と同値になることがわかります．したがって，たとえば概念上の理由から全遂行の下での最適情報設計問題の方が重要だと考えていたとしても，最小均衡遂行の下での最適情報設計問題を解いても同じ答えが出る，ということになります[4].

---

[4] SI の非空性は優モジュラー性から直ちに従いますが，FI の非空性を含めここでの議論は両側支配状態の仮定（状態 $\overline{\theta}$ と $\underline{\theta}$ の存在）に依ります．たとえば，利得がつねに一定であるようなゲームにおいては FI は空集合です．

第 6 章　頑健性と情報設計の関係

　第 4 章・第 5 章において，情報頑健性と情報設計による最小均衡遂行・全遂行について議論してきました．本章では両者の関係を整理します．

　第 4 章の第 4.2.2 項で定理 4.1(2) の対偶を証明しましたが，そこでの「行動組 **0** が頑健でない」ことの証明は，「**0** の確率が 1 から乖離しているような何らかの行動分布が不完備情報摂動によって最小均衡遂行可能である」ということを示していると見ることができます．この意味で，頑健性の問題と情報設計の問題は深く関連しています．前者は，一つの解釈として「分析者の背後に，『敵対的な』情報設計者が，分析者の予測から乖離したような帰結を（最小均衡あるいは全）遂行するような情報構造を設計しようとしている」という問題と見なせます．そのような情報設計は不可能であるならば，予測は頑健であるということになります．

　ただし，細かい点を見ると，第 4.2.2 項で議論したように，Kajii and Morris (1997) の頑健性概念では，不完備情報摂動において高い確率で各プレイヤーは自身の利得関数を知っている，という制約が課されていますが，ここでの情報設計の枠組ではそのような制約はありません．

　論文 Morris et al. (2023) では，不完備情報摂動において「自身の利得関数を知っている」という制約を課さない (したがって，Kajii and Morris (1997) の頑健性より強い) 頑健性の概念「強頑健性」を定義し，その分析を行いました．同研究の動機の一つは（MOT 論文の）情報設計問題の枠組と整合的な頑健性の定式化を提示することで，実際，2 行

動優モジュラーゲームに対して，MOT 論文の結果を使って強頑健均衡の特徴付けを与えています．以下でそこでの議論を解説します．

6.1 強頑健性

まず「強頑健性」の定義を述べます．以下，プレイヤーの集合 $I = \{1, \ldots, |I|\}$，各プレイヤー i の行動集合 A_i を固定します．ここでは次のように不完備情報ゲームを定式化します：

- Θ: 状態集合（有限または可算無限集合）
- $u_i: A \times \Theta \to \mathbb{R}$: プレイヤー i の利得関数（有界関数）
- T_i: プレイヤー i のタイプ集合（有限または可算無限集合）
- $\pi \in \Delta(T \times \Theta)$: $T \times \Theta$ 上の事前確率分布

利得関数の組を $\mathbf{u} = (u_i)_{i \in I}$ と書き，$(\Theta, \mathbf{u}, T, \pi)$ で不完備情報ゲームを表すことにします．Morris et al. (2023) の「強頑健性」は，Kajii and Morris (1997) の「ε-精緻化」のクラスより広い「(ε, η)-精緻化」という不完備情報摂動のクラスに対する頑健性を要求します．完備情報ゲーム $\mathbf{g} = (g_i)_{i \in I}$ に対して，「利得関数が g_i から平均で高々 η しか離れていない」と信じているプレイヤー i のタイプの集合を $T_i^{g_i, \eta}$ と書きます．すなわち，

$$T_i^{g_i, \eta} = \left\{ t_i \in T_i \;\middle|\; \sum_{t_{-i} \in T_{-i}, \theta \in \Theta} \pi(t_{-i}, \theta | t_i) \max_{a \in A} |u_i(a, \theta) - g_i(a)| \leq \eta \right\}$$

です．直積を $T^{\mathbf{g}, \eta} = \prod_{i \in I} T_i^{g_i, \eta}$ と書きます．

定義 6.1 不完備情報ゲーム $(\Theta, \mathbf{u}, T, \pi)$ が $\mathbf{g}$ の (ε, η)-精緻化 $((\varepsilon, \eta)$-elaboration) であるとは $\pi(T^{\mathbf{g}, \eta} \times \Theta) \geq 1 - \varepsilon$ が成り立つことをいう．

とくに，$\eta = 0$ とした $(\varepsilon, 0)$-精緻化は Kajii and Morris (1997) の ε-精緻化と同等です．

不完備情報ゲーム $(\Theta, \mathbf{u}, T, \pi)$ において，戦略の組 $\sigma = (\sigma_i)_{i \in I}$ が誘導する行動分布 $\sigma_\pi \in \Delta(A)$ は

$$\sigma_\pi(a) = \sum_{t \in T, \theta \in \Theta} \pi(t, \theta) \prod_{i \in I} \sigma_i(t_i)(a_i)$$

で定義されます．

定義 6.2　行動分布 $\xi \in \Delta(A)$ が $\mathbf{g}$ において**強頑健** (strictly robust) であるとは，どんな $\delta > 0$ に対してもある $\varepsilon > 0$ と $\eta > 0$ が存在して，$\mathbf{g}$ の任意の (ε, η)-精緻化 $(\Theta, \mathbf{u}, T, \pi)$ が $\max_{a \in A} |\sigma_\pi(a) - \xi(a)| \le \delta$ となるようなベイズ・ナッシュ均衡 σ を持つことをいう．

(ε, η)-精緻化と ε-精緻化の関係より，行動分布 ξ が強頑健ならば，それは (Kajii and Morris (1997) の意味で) 頑健です．その逆は一般に成り立ちません．たとえば，すべてのプレイヤーについて利得が一定であるようなゲームにおいては，すべての直積行動分布は頑健ですが，いずれも強頑健ではありません．

6.2　極限遂行可能性

次に，MOT 論文に従って極限最小均衡遂行可能性・極限全遂行可能性を定義します．以下では，2 行動優モジュラー・ゲームのみを考えます ($A_i = \{0, 1\}$ とします).

次の範囲で基本ゲームを考えます (有限状態優モジュラー基本ゲーム):

- 状態集合 Θ は有限集合とする．
- すべてのプレイヤー i の利得関数は優モジュラーであるとする．

すなわち，利得差分関数

$$d_i(a_{-i}, \theta) = u_i((1, a_{-i}), \theta) - u_i((0, a_{-i}), \theta)$$

がすべての θ に対して a_{-i} に関して増加関数であるとする.

ここでは頑健性との関係を見るために完備情報極限を考えたいので，Θ 上の事前分布を固定せず，組 $(\Theta, \mathbf{u})$ を基本ゲームと呼ぶことにします.

与えられた有限状態優モジュラー基本ゲーム $(\Theta, \mathbf{u})$ に対して，帰結 $\nu \in \Delta(A \times \Theta)$ の最小均衡遂行可能性・全遂行可能性は，$(\Theta$ 上の分布との整合性の条件を除き) 第 5 章と同じく定義されます.

ある状態 $\theta^* \in \Theta$ を固定して極限遂行可能性を定義します.

定義 6.3　行動分布 $\xi \in \Delta(A)$ が $(\Theta, \mathbf{u})$ に対して**極限最小均衡遂行可能** (limit smallest equilibrium implementable) であるとは，ある最小均衡遂行可能な帰結の列 $\nu^k \in \Delta(A \times \Theta)$ が存在して $\lim_{k \to \infty} \sum_{a \in A} \nu^k(a, \theta^*) = 1$ かつ $\lim_{k \to \infty} \sum_{\theta \in \Theta} \nu^k(\cdot, \theta) = \xi$ が成り立つことをいう.

ここで，帰結 $\nu^k \in \Delta(A \times \Theta)$ が最小均衡遂行可能であるとは，ある情報構造 (T^k, π^k) が存在してその最小均衡が ν^k を誘導するということであるわけですが，$\lim_{k \to \infty} \sum_{t \in T} \pi^k(t, \theta^*) = 1$ より，$\varepsilon, \eta > 0$ に対して k を十分大きくとれば，不完備情報ゲーム $(\Theta, \mathbf{u}, T^k, \pi^k)$ は完備情報ゲーム $\mathbf{u}(\cdot, \theta^*)$ の (ε, η)-精緻化になっています (Morris et al. (2023, Lemma A.3)). このことをふまえ，次節で強頑健性と極限遂行可能性を関係付けます.

6.3 同値性

2 行動優モジュラー完備情報ゲーム $\mathbf{g}$ が与えられているとします．行動分布 $\xi \in \Delta(A)$ が $\mathbf{g}$ において極限最小均衡遂行可能であるとは，ある有限状態優モジュラー基本ゲーム $(\Theta, \mathbf{u})$ が存在して $\mathbf{u}(\cdot, \theta^*) = \mathbf{g}$ を満たし，ξ が $(\Theta, \mathbf{u})$ に対して極限最小均衡遂行可能であることをいうことにします．頑健性と情報設計との関係は，次の定理で要約されます (行動組 $\mathbf{0}$ に対してのみ述べます)[5].

定理 6.1 任意の 2 行動優モジュラー・ゲーム $\mathbf{g}$ に対して，次の主張は同値である．
(1) $\mathbf{0}$ は $\mathbf{g}$ において強頑健である．
(2) $\mathbf{0}$ は $\mathbf{g}$ において極限最小均衡遂行可能な唯一の行動分布である．
(3) $\mathbf{0}$ は $\mathbf{g}$ において列従順性を満たす唯一の行動分布である．
(4) $\mathbf{0}$ は $\mathbf{g}$ において強単調ポテンシャル最大化解である．

　(1) と (2) の同値性がここでの主となる結論ですが，それぞれの条件は (3) と (4) という有限次元の条件で特徴付けられます．含意 $(1) \Rightarrow (2)$ は，強頑健性と極限最小均衡遂行可能性の定義から成り立ち，その逆は，$(2) \Rightarrow (3) \Rightarrow (4) \Rightarrow (1)$ と，列従順性と強単調ポテンシャルを経由して導かれます．

証明 まず，$(1) \Rightarrow (2)$ の対偶を示すとして，$\xi(\mathbf{0}) < 1$ なる行動分布 $\xi \in \Delta(A)$ が極限最小均衡遂行可能であるとする．前節の最後に述べたことより，十分小さい ε, η に対する (ε, η)-精緻化が存在して，そこで

---

5 「$\mathbf{0}$ に確率 1 を割り当てるような行動分布」も $\mathbf{0}$ で表すことにします．また，行動分布に対する列従順性は第 5 章の定義 5.2–5.3 で $|\Theta| = 1$ のケースと見なすことで（あるいは第 4 章の補題 4.3 での条件 (4.2) によって）定義されます．

の最小均衡が **0** をプレイする確率は近似的に $\xi(\mathbf{0})$ であり，したがって，いずれの均衡も **0** をプレイする確率はそれ以下ということになる．これは **0** が強頑健でないということを意味する．

(3) と (4) の同値性は第 4 章の補題 4.2 と補題 4.3 から従う．また，(4) ⇒ (1) は Morris and Ui (2005) と同様の議論によって（任意有限個行動のゲームに対して）示される（Morris et al. (2023) を参照のこと）．

含意 (2) ⇒ (3)（の対偶）は，次のように第 5 章の定理 5.1(2)（の証明）から従う[6]．$\xi(\mathbf{0}) < 1$ なる $\xi \in \Delta(A)$ が列従順性を満たすとして，$\rho \in \Delta(\Gamma)$ を列従順性を満たし ξ を誘導するものとする．優モジュラー基本ゲーム $(\Theta, \mathbf{u})$ で支配戦略の仮定を満たす (ある状態 $\overline{\theta} \in \Theta$ が存在してすべての i に対して $d_i(\mathbf{0}_{-i}, \overline{\theta}) > 0$ が成り立つ) ものを任意に固定して，各 k に対して $\nu^k \in \Delta(A \times \Theta)$ を

$$
\nu_{\Gamma}^k(\gamma, \theta) = \begin{cases} (1 - \frac{1}{k})\rho(\gamma) & (\theta = \theta^* \text{ のとき}) \\ \frac{1}{k} & ((\gamma, \theta) = (\bar{\gamma}, \overline{\theta}) \text{ のとき}) \end{cases} \tag{6.1}
$$

で定義する．ここで，$\bar{\gamma} \in \Gamma$ は任意の，すべてのプレイヤーからなる列である．すると，支配状態の仮定より ν^k は強列従順性を満たす．したがって，定理 5.1(2) の証明で構成した情報構造を考えると，その最小均衡が誘導する帰結 $\hat{\nu}^k \in \Delta(A \times \Theta)$ はすべての $\theta \in \Theta$ で $\hat{\nu}^k(\mathbf{0}, \theta) \le \nu^k(\mathbf{0}, \theta)$ を満たす．ここで $k \to \infty$ とすると，$\sum_{a \in A} \nu^k(a, \theta^*) \to 1$ で，$\sum_{\theta \in \Theta} \hat{\nu}^k(\cdot, \theta)$ の極限点 $\hat{\xi} \in \Delta(A)$ は $\hat{\xi}(\mathbf{0}) \le \xi(\mathbf{0})$ を満たす．すなわち，**0** 以外の極限最小均衡遂行可能な行動分布が存在するということになる． □

　定理 6.1 の (1) と (4) の同値性は，**0** とは限らない一般の行動の組 a^* に対してもそのまま成り立ちます．(2) と (3) に対する同値条件はそれ

---

[6] （定理 6.1 の証明の上では不要ですが）その逆 (3) ⇒ (2)（の対偶）は定理 5.1(1) からも導かれます．

それ「a^* は **g** において極限全遂行可能な[7]唯一の行動分布である」,「a^* は **g** において列従順性と逆列従順性[8]をともに満たす唯一の行動分布である」となります.

　定理 6.1 は,一般の行動組に対する拡張版を含め,任意の 2 行動優モジュラーゲームに対して成り立ちます.一方,定理 4.1(2) の「Kajii and Morris (1997) の意味での頑健均衡が強単調ポテンシャル最大化解である」という主張は「ジェネリックな **g**」に対して成り立つものでした[9].その証明 (第 4.2.2 項) において,そこで構成した ε-精緻化で厳密に正のインセンティブを与えるために,列従順性条件 (4.2) を強列従順性条件 (4.3) に強める際に「ジェネリックな」という仮定を用いました.それに対し,強頑健性の定義に使われる (ε, η)-精緻化では利得の不確実性が許されるので,(6.1) 式のように支配状態 $\overline{\theta}$ を混ぜることによって強列従順性を保証できます.定理 6.1 の意味で,強頑健性という形で定式化された（広い意味での）頑健性の問は,情報設計による（最小均衡あるいは全）遂行問題と 2 行動優モジュラーゲームにおいてぴったり表裏の関係にあるということになります.

---

[7] 極限最小均衡遂行可能性（定義 6.3）と同様に定義されます.

[8] 定義 5.10 で $|\Theta| = 1$ のケースと見なすことで定義されます.

[9] 第 4.3 節で見たように,頑健均衡と（「強」でない）単調ポテンシャル最大化解の同値性も,($|I| \geq 3$ なる) 任意の 2 行動優モジュラーゲームに対して成り立つのは **0** と **1** についてのみでした.

第7章 情報と利得の同時設計問題への応用

本章では，Winter (2004) によるチーム生産における最小支払い問題の，Halac et al. (2021)（以下，HLR 論文と呼ぶことにします）による拡張モデルを解いていくことを考えます．前章までで議論してきた解法を応用することで，より見通しよく，かつ，より一般的に解けることを見ます（Morris et al. (2022a) の内容の解説になります）[10]．

7.1 チーム生産問題

$|I|$ 人からなるプレイヤー（代理人）たち $I = \{1, \ldots, |I|\}$ のチームが共同で生産を行う状況を考えます．各プレイヤー $i \in I$ はそれぞれ努力水準 $a_i \in \{0, 1\}$ を決定します．$a_i = 1$ は「努力する」，$a_i = 0$ は「さぼる」という行動であると考えます．努力には $c_i > 0$ の費用がかかります．チームの生産プロジェクトは成功するか失敗するかのどちらかで，部分集合 $S \subset I$ のプレイヤーたちが $a_i = 1$ を選んだときの成功確率は $P(S)$ で与えられます．各プレイヤーの行動は立証不可能で (モラルハザードの状況)，契約はプロジェクトの成否のみに依存させることができます．関数 P には次を仮定します：

- 単調性：$S \subsetneq S'$ ならば $P(S) < P(S')$

---

[10] Morris, Oyama, and Takahashi (2022a) では，Moriya and Yamashita (2020) による Winter (2004) モデルの不完備情報拡張版 (2 プレイヤー，2 状態) の一般化（多プレイヤー，多状態）も考察していて，結果が MOT 論文の手法から簡潔に求められることを示しています．

- 優モジュラー性：$P(S) + P(S') \leq P(S \cup S') + P(S \cap S')$

また，$P(\emptyset) = 0$ と仮定します．各 $i \in I$ と $S \subset I$ に対して

$$\Delta_i P(S) = P(S \cup \{i\}) - P(S)$$

と書くことにします．

Winter (2004) のモデルとは異なり，依頼人はプレイヤーたちに私的契約を提示できます．契約の組は，タイプ空間 $\mathcal{T} = (T, \pi)$ とボーナスルール $B = (B_i)_{i \in I}$, $B_i : T_i \to \mathbb{R}_+$ からなる**誘因体系** $(\mathcal{T}, B)$ として定式化されます．ただし，

- T_i: プレイヤー i のタイプ集合（有限または可算無限集合）
- $\pi \in \Delta(T)$: $T = \prod_{i \in I} T_i$ 上の事前確率分布

です．誘因体系 $(\mathcal{T}, B)$ が与えられると 2 行動不完備情報ゲームが定義されます．プロジェクト成功時のボーナス支払額を b_i と書くとすると，他のプレイヤーの集合 S が努力しているときに，$a_i = 1$ のときのプレイヤー i の利得は $P(S \cup \{i\})b_i - c_i$，$a_i = 0$ のときの利得は $P(S)b_i$ なので，利得差分関数は

$$d_i(a_{-i}; b_i) = \Delta_i P(S(a_{-i}))b_i - c_i \qquad (7.1)$$

となります．ただし，$S(a_{-i}) = \{j \in I \setminus \{i\} \mid a_j = 1\}$ です．

さて，ここで依頼人の最適化問題として，「すべてのプレイヤーのすべてのタイプが $a_i = 1$ をとる (つねに努力する) のが唯一の均衡であるようにしつつ，総支払額の期待値を最小化するような誘因体系を選ぶ」という問題を考えます．与えられた誘因体系 $\varphi = (\mathcal{T}, B)$ において，総支払いの期待値は

$$W(\varphi) = \sum_t \pi(t) P(I) \sum_i B_i(t_i)$$

$$= P(I) \sum_i \sum_{t_i} \left(\sum_{t_{-i}} \pi(t) \right) B_i(t_i)$$

$$= P(I) \sum_i \sum_{t_i} \pi(t_i) B_i(t_i)$$

となります．これを用いて，考えたい問題は

$$W^* = \inf_{\varphi:\,「つねに努力」が唯一の均衡} W(\varphi) \tag{7.2}$$

と書けます．ここで，「つねに努力」を唯一の均衡とするために誘因
条件として強い不等式を要求することになるので，一般に最小値は存
在せず，したがって下限 (inf) を用いて表してあります．

　以下，次のような手順でこのモデルを分析していきます．

- 誘因条件から W^* の下界 (lower bound) を求める．

  その値は，ある支払額の組 $b^* = (b_i^*)_{i \in I}$ があって，$P(I)\sum_{i \in I} b_i^*$
  と書けます．第 5 章の MOT 論文の証明とほぼ同じく求められ
  ます．

- 上で求めた下界 $\sum_{i \in I} b_i^*$ が実際に下限であることを示す．

  第 4 章で OT 論文に基づいて構成した ε-精緻化が，$\varepsilon \to 0$ の極限
  で W^* を実現することを示します．

- W^* に達するどんな誘因体系の列に対しても，支払額の分布は b^*
  の 1 点分布に収束する．

- 極限最適支払いベクトル b^* の構造を調べる．

  ここでの最適化問題が，実は協力ゲームの分野で知られている問
  題に帰着することを指摘します（そこでの結果から直ちに導かれ
  ます）．

　最初の 2 項目は，HLR 論文の結果の，われわれの手法に基づく別解
を与えるものです（第 3 項目は，その途中経過から導かれます）．最
後の項目は，HLR 論文の考察よりも一般的なものになっています．

7.2　下界

　ここでは全プレイヤーに $a_i = 1$ をとらせたいので，全プレイヤーからなる列全体の集合 Π を考えることになります．プレイヤー $i \in I$ と Π 上の順序付き帰結 $\rho \in \Delta(\Pi)$ に対して，

$$h_i(\rho) = \frac{c_i}{\sum_{\gamma \in \Pi} \rho(\gamma) \Delta_i P(S(\gamma, i))}$$

と定義します．ただし，$S(\gamma, i) \subset I \setminus \{i\}$ は，列 γ においてプレイヤー i より前に登場するプレイヤーたちからなる集合を表します．関数 h_i は ρ の強凸関数です．

補題 7.1　「つねに努力」を唯一の均衡とするようなどんな誘因体系 $\varphi = (\mathcal{T}, B)$ に対しても，ある順序付き帰結 $\rho \in \Delta(\Pi)$ が存在して，すべての $i \in I$ に対して

$$\sum_{t_i} \pi(t_i) B_i(t_i) > h_i(\rho) \tag{7.3}$$

が成り立つ．

証明　第 5 章の定理 5.1(1) の証明と同様に，最小の戦略の組からの逐次最適反応を考える．そこで導入したように，各順列 $\gamma \in \Pi$ に対して，$T(\gamma)$ を行動 0 から行動 1 に変更する順番が γ の通りになるようなタイプの組の集合とする．すると，同じ議論で

$$\sum_{\gamma \in \Pi} \sum_{t_{-i} \in T_{-i} : (t_i, t_{-i}) \in T(\gamma)} \pi(t_{-i}|t_i)(\Delta_i P(S(\gamma, i)) B_i(t_i) - c_i) > 0 \tag{7.4}$$

が成り立つことがわかる. ここで, $\rho \in \Delta(\Pi)$ と $\rho_i(\cdot|t_i) \in \Delta(\Pi)$ を

$$\rho(\gamma) = \sum_{t \in T(\gamma)} \pi(t)$$

と

$$\rho_i(\gamma|t_i) = \sum_{t_{-i} \in T_{-i}:(t_i,t_{-i}) \in T(\gamma)} \pi(t_{-i}|t_i)$$

により定義する. すべての $i \in I$ に対して

$$\rho = \sum_{t_i \in T_i} \pi(t_i)\rho_i(\cdot|t_i)$$

が成り立つことに注意する. すると, 式 (7.4) は

$$\sum_{\gamma \in \Pi} \rho_i(\gamma|t_i)(\Delta_i P(S(\gamma,i))B_i(t_i) - c_i) > 0$$

と書け, これは

$$B_i(t_i) > h_i(\rho_i(\cdot|t_i)) \tag{7.5}$$

と書ける. これに $\pi(t_i)$ を掛け t_i について足し合わせると, h_i の凸性 (ジェンセンの不等式) より

$$\sum_{t_i \in T_i} \pi(t_i)B_i(t_i) > \sum_{t_i \in T_i} \pi(t_i)h_i(\rho_i(\cdot|t_i)) \geq h_i\left(\sum_{t_i \in T_i} \pi(t_i)\rho_i(\cdot|t_i)\right) = h_i(\rho) \tag{7.6}$$

を得る. □

次に, 最小化問題

$$\min_{b \in \mathbb{R}_+^I} \sum_{i \in I} b_i \tag{7.7a}$$

s.t. $\quad \exists \rho \in \Delta(\Pi): \sum_{\gamma \in \Pi} \rho(\gamma) d_i(a_{-i}(\gamma); b_i) \geq 0$ （すべての $i \in I$ に対して）

$$(7.7b)$$

を考えます ($d_i(\cdot; b_i)$ は (7.1) で定義される利得差分関数).

制約条件 (7.7b) は，$(d_i(\cdot; b_i))_{i \in I}$ において列従順性を満たす $\rho \in \Delta(\Pi)$ が存在する，ということを言っています．関数 $(q, b_i) \mapsto q b_i$ $(q, b_i > 0)$ の強準凹性から，この問題は一意最適解を持ちます．それを $b^* = (b_i^*)_{i \in I}$ とおきましょう．依頼人の目的関数は

$$W(\varphi) = P(I) \sum_i \left(\sum_{t_i} \pi(t_i) B_i(t_i) \right)$$

と書けるわけですが，$\sum_{t_i} \pi(t_i) B_i(t_i)$ の部分は補題 7.1 より $h_i(\rho)$ より必ず大きく，$b = (h_i(\rho))_{i \in I}$ は自明に問題 (7.7) の制約条件を満たすので，それらの $i \in I$ に関する和は問題 (7.7) の最小値 $\sum_{i \in I} b_i^*$ を下回ることはありません．これが任意の誘因体系 φ のついて成り立つので，次を得ます．

命題 7.2 $\quad W^* \geq P(I) \sum_{i \in I} b_i^*.$

7.3　達成可能性

次に，OT 論文で構成された ε-精緻化によって命題 7.2 の不等式の右辺が達成されることを示します．

命題 7.3 $\quad W^* \leq P(I) \sum_{i \in I} b_i^*.$

証明 $\quad \rho^* \in \Delta(\Pi)$ を，制約条件 (7.7b) を最適解 $b = b^*$ に対して満たすものとする．各 i に対して $\bar{b}_i$ を，$\frac{c_i}{P(\{i\})}$ を超えるような十分大きな値とする (その値のボーナスに対しては，他人が誰も努力しなくても 1 人

で努力するのが支配行動となる).

十分小さい $\varepsilon > 0$ を固定し，$\eta > 0$ を十分小さな値とする．情報構造を第 4.2.2 項で構成したものとする：

- 非負整数 m が幾何分布 $\eta(1-\eta)^m$ に従って引かれる．
- 全プレイヤーの列 γ が分布 ρ^* に従って引かれる．
- 各プレイヤー i は

$$t_i = m + (\gamma \text{ における } i \text{ の順位})$$

によって定まるシグナル t_i を受け取る．

また，ボーナスルールは

$$B_i(t_i) = \begin{cases} \bar{b}_i & (t_i \leq |I|-1 \text{ ならば}) \\ b_i^* + \varepsilon & (t_i \geq |I| \text{ ならば}) \end{cases}$$

で定めます．

すると，第 4.2.2 項の議論により，この誘因体系の下ではすべてのプレイヤーのすべてのタイプが唯一の合理化可能行動として $a_i = 1$ を選ぶ．また，構成より，期待支払額は，$\varepsilon \to \infty$ の極限で $\sum_{i \in I} b_i^*$ となる． □

7.4 最適誘因体系の構造

HLR 論文は，W^* を極限で達成するようなどんな誘因体系の列に対しても，対応するボーナスの組の分布は b^* 1 点に退化した分布に弱収束する，ということを示しています．これは，極限で不等式 (7.5), (7.6) が等式で成り立つことと，関数 h_i の強凸性から従います．

次に，極限最適ボーナスベクトル b^* の，最小化問題 (7.7) の解としての構造を調べましょう．ゲームの構造は利得の正の定数倍によって

不変ですから，利得差分 $d_i(\cdot\,; b_i)$ を $\Delta_i P(S(a_{-i})) - \frac{c_i}{b_i}$ と書きかえます．すると，このゲームは

$$\Phi(a) = P(S(a)) - \sum_{i \in S(a)} \frac{c_i}{b_i}$$

をポテンシャル関数とするポテンシャルゲームになっています．よって，第 5 章の命題 5.4 より，制約条件 (7.7b) は提携従順性

$$\Phi(\mathbf{1}) \geq \Phi(a) \quad (\text{すべての } a \in A \text{ に対して})$$

と同値になります．最適解においては制約条件 (7.7b) は等号で成り立たないといけないので，対応して，提携従順性も最適解においては $a = \mathbf{0}$ に対して等号 $\Phi(\mathbf{1}) = \Phi(\mathbf{0})$ で成り立たないといけません．ここで，$x_i = \frac{c_i}{b_i}$ とおき，$S \subset I$ に対して $x(S) = \sum_{i \in S} x_i$ と書くとすると，問題 (7.7) は

$$\min_x \ \sum_{i \in I} \frac{c_i}{x_i} \tag{7.8a}$$

$$\text{s.t. } x \in C(P) = \{x \in \mathbb{R}^I \mid x(I) = P(I),$$

$$x(S) \geq P(S) \text{ (すべての } S \subset I \text{ に対して)}\} \tag{7.8b}$$

と書けることになります．ここで，集合 $C(P)$ は，集合関数 P を協力ゲームと見なしたときの P の**コア** (core) に他なりません．この問題 (7.8) は「凸ゲーム (convex game) のコア上の加法分離的凸関数の最小化問題」という協力ゲーム理論でよく知られて問題の特殊ケースになっていて，c_i が全プレイヤー共通の場合は，解 x^* は Dutta and Ray (1989) による制約公平配分 (constrained egalitarian allocation)，あるいは Dutta-Ray 解に一致し，一般の c_i に対しては，Hokari (2002) による一般化 Dutta-Ray 解の一例になっています．Hokari (2002) により，解

x^* は

$$x_i^* = \max_{S \subset I, S \ni i} \min_{T \subset S \setminus \{i\}} \frac{\sqrt{c_i}(P(S) - P(T))}{\sum_{j \in S \setminus T} \sqrt{c_j}}.$$

と書けることが知られています。したがって，$b_i^* = \frac{c_i}{x_i^*}$ は次のように書けます。

命題 7.4　極限最適ボーナスベクトル $b^* = (b_i^*)_{i \in I}$ は

$$b_i^* = \min_{S \subset I, S \ni i} \max_{T \subset S \setminus \{i\}} \frac{\sqrt{c_i} \sum_{j \in S \setminus T} \sqrt{c_j}}{P(S) - P(T)}. \tag{7.9}$$

で与えられる。

　式 (7.9) の min や max がどの集合で達成されるかは一般には求められないので，この表現はこれ以上陽には書けませんが，HLR 論文の費用に関する比較静学の結果 (P についての対称性の仮定の下で示された) は，一般の P に対して直ちに得られます：

- b_i^* は c_i について狭義増加，$\frac{b_i^*}{c_i}$ は c_i について広義増加．

- b_i^* と $\frac{b_i^*}{c_i}$ はともに c_j $(j \neq i)$ について広義増加．

引用文献

BERGEMANN, D. AND S. MORRIS (2016): "Bayes Correlated Equilibrium and the Comparison of Information Structures," *Theoretical Economics*, 11, 487–522.

———— (2019): "Information Design: A Unified Perspective," *Journal of Economic Literature*, 57, 44–95.

DUTTA, B. AND D. RAY (1989): "A Concept of Egalitarianism under Participation Constraints," *Econometrica*, 57, 615–635.

HALAC, M., E. LIPNOWSKI, AND D. RAPPOPORT (2021): "Rank Uncertainty in Organizations," *American Economic Review*, 111, 757–86.

HOKARI, T. (2002): "Monotone-Path Dutta-Ray Solutions on Convex Games," *Social Choice and Welfare*, 19, 825–844.

KAJII, A. AND S. MORRIS (1997): "The Robustness of Equilibria to Incomplete Information," *Econometrica*, 65, 1283–1309.

MORIYA, F. AND T. YAMASHITA (2020): "Asymmetric-Information Allocation to Avoid Coordination Failure," *Journal of Economics & Management Strategy*, 29, 173–186.

MORRIS, S., D. OYAMA, AND S. TAKAHASHI (2020): "Implementation via Information Design in Binary-Action Supermodular Games," SSRN 3697335.

———— (2022a): "On the Joint Design of Information and Transfers," SSRN 4156831.

———— (2022b): "Implementation via Information Design using Global Games," SSRN 4140792.

———— (2023): "Strict Robustness to Incomplete Information," *Japanese Economic Review*, 74, 357–376.

MORRIS, S. AND T. UI (2005): "Generalized Potentials and Robust Sets of Equilibria," *Journal of Economic Theory*, 124, 45–78.

OYAMA, D. AND S. TAKAHASHI (2019): "Generalized Belief Operator and the Impact of Small Probability Events on Higher Order Beliefs," SSRN 3375777.

———— (2020): "Generalized Belief Operator and Robustness in Binary-Action Supermodular Games," *Econometrica*, 88, 693–726.

———— (2023): "Robustness in Binary-Action Supermodular Games Revisited," SSRN 4392540.

OYAMA, D., S. TAKAHASHI, AND J. HOFBAUER (2008): "Monotone Methods for Equilibrium Selection under Perfect Foresight Dynamics," *Theoretical Economics*, 3, 155–192.

RUBINSTEIN, A. (1989): "The Electronic Mail Game: Strategic Behavior under 'Almost Common Knowledge'," *American Economic Review*, 79, 385–391.

UI, T. (2001): "Robust Equilibria of Potential Games," *Econometrica*, 69, 1373–1380.

WINTER, E. (2004): "Incentives and Discrimination," *American Economic Review*, 94, 764–773.

著者紹介

尾山　大輔

1998 年　東京大学教養学部卒業

2000 年　東京大学大学院経済学研究科修士課程修了

2003 年　東京大学大学院経済学研究科博士課程修了

　　　　（経済学博士）

現在　　東京大学大学院経済学研究科教授

　　　　元. 三菱経済研究所兼務研究員

情報設計による遂行の理論

2024 年 2 月 10 日　発行

定価　本体 1,000 円＋税

著　　者	尾　山　大　輔
発 行 所	公益財団法人　三菱経済研究所 東 京 都 文 京 区 湯 島 4-10-14 〒 113-0034 電話 (03)5802-8670
印 刷 所	株式会社　国 際 文 献 社 東 京 都 新 宿 区 山 吹 町 332-6 〒 162-0801 電話 (03)6824-9362

ISBN 978-4-943852-97-1